Su

DU MÊME AUTEUR

Zone tropicale, Le Dilettante, 1988.

Capitaine, Flammarion, 1991.

Affaires indigènes, Flammarion, 1992.

Triste sire, Le Dilettante, 1992.

Suite indochinoise, La Table Ronde, 1993.

Villa Zaouche, Grasset, 1994.

Tout est factice, Grasset, 1995.

Mission au Paraguay, Grasset, 1996 ; Payot-Voyageurs, 1998.

Les Beaux Horizons, Le Dilettante, 1997.

Le Fils du fakir, Grasset, 1998 ; Le Livre de Poche, 2001.

Je suis dans les mers du Sud, Grasset, 2001 ; Le Livre de Poche, 2003.

La Consolation des voyages, Grasset, 2004 ; Le Livre de Poche, 2006.

Mardi à Puerto-Azucar, Les Équateurs, 2005.

Il faut se quitter déjà, Grasset, 2008.

Jean-Luc Coatalem

SUITE INDOCHINOISE

Récit de voyage au Vietnam

La Table Ronde
14, rue Séguier, Paris 6ᵉ

Première publication : La Table Ronde, 1993.

© Éditions de La Table Ronde, Paris, 2008.
ISBN 978-2-7103-3052-3.

AVANT-PROPOS
(janvier 2008)

Puisque la Terre est ronde et la Table aussi

Il est toujours éprouvant pour un auteur de se relire et, quinze ans après, de tenter de reconnaître le voyageur qu'il a été. M'apercevant au gré de ces pages, je ne me retrouve qu'avec difficultés ou, au mieux, par éclats, ricochets et coïncidences. Tant mieux, tant pis. Quel est donc cet étranger qui dit je, et se prend si résolument pour moi ?

Un aller-retour au Vietnam, donc, au début des années quatre-vingt-dix, voilà toute l'histoire de ce livre de route, notes prises au jour le jour dans un carnet et, comme on dit aujourd'hui, remixées au retour. À ce moment-là, je dois avouer que je traverse une mauvaise passe, vivote sur un reliquat d'Assedic, et seule cette avance de mon éditeur, La Table Ronde, m'autorise ce périple de quelques semaines. S'appuyant sur le relatif succès de presse ayant entouré mes deux ouvrages chez Flammarion — remarqués par Renaud Matignon au *Figaro littéraire* et par Bernard Frank au *Nouvel Observateur* —, Denis Tillinac et Olivier Frébourg m'ont accordé sans barguigner leur confiance lestée d'un à-valoir. Ayant réservé un avion, j'embarque aussitôt avec papiers et crayons de peur qu'ils ne changent d'avis.

Ce périple n'est pas aussi solitaire que je le laisse entendre. En 1992, le Vietnam communiste commence à peine à s'ouvrir au tourisme. Mille contrariétés sont encore réservées au voyageur individuel, à commencer par ce permis de circulation, casse-tête administratif, qu'il faut faire viser à chaque étape au commissariat. J'ai choisi la fluidité, soit le minimum de complications. Usant des services huilés d'un voyagiste, il m'arrive de me joindre à une poignée de touristes français, dont ce cher Mannix, qui visitent la région. Mais, si je les retrouve lors de quelque transfert ou pour un vol intérieur, je les lâche aussitôt arrivé.

Pas aussi solitaire car il y a ces livres que j'emporte dans mon bagage, le Gontran de Poncins, gentleman vagabond qui résidera à Cholon dans les années cinquante, le quartier chinois de Saigon, récit qui me ravit, et les Mémoires du comte de Forbin, ex-mousquetaire du roi, dépêché au dix-huitième siècle comme ambassadeur au Siam, dont j'aime l'aplomb et la superbe inoxydables : ils resteront dans les moments d'incertitude de bienveillants camarades...

Et puis, surtout, il y a cette ombre tutélaire qui m'obsède et me précède, Camille Coatalem, mon grand-père paternel, un officier d'infanterie, qui fut en poste en Indochine à la fin des années vingt. Glissées dans une enveloppe en kraft, trois ou quatre photographies craquelées de lui sont du voyage. Je ne l'ai pas connu ; mon père, né après son retour d'Indochine, ne m'en a guère parlé. Arrêté par la Gestapo en Bretagne, déporté en Allemagne, Camille mourra en 1944. Selon son livret-matricule, il est précisé qu'il sera resté deux ans et demi en Asie, de juillet 1927 à décembre 1929, comme lieutenant d'un régiment de tirailleurs annamites, au groupement Cochinchine-Cambodge. Son fils aîné, mon oncle René, suivra la même voie asiatique, dans les années cinquante, ancien des Forces françaises libres de De Gaulle puis légionnaire dans les bataillons étrangers parachutistes, entre Cambodge et Vietnam. Il se portera volontaire pour être parachuté dans les dernières semaines sur Diên Biên Phu. Prisonnier après la chute du poste, il connaîtra les camps viets. On le retrouvera plus tard officier au 1er REP, à Alger, c'est une autre aventure...

Sur les documents récupérés à Brest, chez ma grand-mère bretonne, Camille ressemble, avec ses cheveux gominés, son visage triangulaire, pâle, charbonneux sous les yeux, à un acteur de cinéma muet. À d'autres, ce rescapé des boucheries de 1914-1918 défile, sabre au clair, en tête de sa compagnie, ou prend la pose devant le trépied du photographe, en tenue d'apparat sur je ne sais quelle terrasse aux bambous proliférants, casque en sureau vissé sur la tête, guêtres cirées, tirant sur son clope, un peu gauche. Il a entre trente-trois et trente-cinq ans et je suis moi aussi dans ces eaux-là lors de mon voyage, moins de soixante-dix ans plus tard. Oui, Camille reste en filigrane à chaque page de ce livre, que je l'écrive ou non…

Si j'ai décidé de retrouver la villa carrelée — claustras, tapis berbère, palmier nain, colonnes en stuc — qu'il louait à Saigon avec un copain rondouillard, un aviateur à en juger par sa calotte en cuir et ses lunettes fumées autour du cou, le Club militaire, phono et cognac-soda, où il avait ses entrées, et dont je possède la carte de titulaire, la caserne et le champ de manœuvres — plat, poudreux, ombragé d'arbres lourds —, où il tuait ses heures à l'exercice quand il ne canotait pas, en bon Finistérien, dans les méandres du Mékong, je sais bien que le temps a fait son œuvre, tout noué et tout défait, changé le nom des rues et parfois le cadastre, et que chaque fantôme après avoir lancé ses sortilèges se révèle à l'occasion un encombrant personnage… Dès lors, ne luttant pas contre le courant, tout me devient prétexte pour se laisser porter, emporter par ce pays vert et jaune, ce pays de cocagne et de revanche, qui me séduit instantanément. Il n'y a chez moi aucune nostalgie d'un passé colonial, tous nos empires sont dérisoires, juste l'appétit pour un décor, des empreintes, le goût doux-amer du temps qui fuit, une vibration reconnue à travers les années. Et puisque je me laisse aller, c'est le vivant Vietnam qui vient, me revient, remplit mes pages et mes jours, et mes vieilles rengaines sont bues chaque fois par cette géographie pour moi nouvelle…

Publié à La Table Ronde en 1993, ce récit reparaîtra chez l'éditeur franco-indien Kailash, en 1995, imprimé à Pondichéry. Il sera ensuite accueilli au Dilettante, en 1999 et en 2004, dans une version corrigée et augmentée d'un texte écrit lors d'un second voyage au Vietnam, en 1997, pour un magazine. Il retourne chez son éditeur originel, sous le pavillon de La Petite Vermillon. La boucle est bouclée et la Terre comme la Table toujours ronde. Nos livres ont parfois plusieurs vies, heureusement…

J.-L. C.

Un bateau blanc — la jungle verte
Voix chuchotées — bruit des insectes
Palmiers géants noirs sous la lune d'ici
Qu'est-ce que je fous à Hô Chi Minh-City ?

(*Saigon*, chanson de Bernard Lavilliers.)

Difficile de voyager avec des livres. Certains pèsent aussitôt, d'autres s'égarent, tous s'écornent et s'abîment. La plupart du temps, l'énergie même manque pour les lire : franchi quelques centaines de kilomètres, une poignée de méridiens, le volume convoité se métamorphose en vilain petit canard ; l'auteur choyé tombe son masque, il devient un affreux rabat-joie emporté par erreur, un intrus dans vos tropiques… Rien, aucune ligne, pas même un frisson d'envie, tristes victimes du décalage. Les belles fictions se fanent, fresques antiques bues par une lumière nouvelle, comme dans le film de Fellini… J'ouvrais plutôt mes fenêtres sur le Tibre, le Tage ou la mer d'Oman pour admirer les reflets de l'eau sous le ciel. Et je humais le soleil, les yeux clos, vrai lézard, ivre

17

de réverbération, comblé d'une joie lente, animale, sans nom. La littérature ne me concernait plus, j'avais enfin le monde en direct : nul besoin du philtre des mots imprimés…

* * *

Seize heures, avenue d'Ivry, le « Chinatown » parisien du treizième arrondissement. Dans quelques jours, je serai au Vietnam. Je tente le tout pour le tout et commande pour mon goûter un potage *pho* et une bière Tsing Tao. L'estomac tient. Tout va bien. Je suis seul dans la salle. Le personnel sourit et joue au mah-jong. Du magnétophone posé entre deux lampions en papier s'échappent les vagues sirupeuses et cristallines d'une rengaine qui titille les nerfs, agace les dents. Au supermarché Tang, un panonceau incite les clients à boycotter les produits allemands, suite aux agressions racistes dans l'est du pays.

Dans les rayons, on vend du poisson congelé en vrac, des bonbons à la viande, de l'alcool de riz, de la poudre de tamarin, et des oreilles de cochon, par six, sous vide. À raison de deux appendices par animal, le bac réfrigéré contient donc vingt-quatre de ces omnivores mammifères.

* * *

Au début d'*Apocalypse Now*, le film de Coppola, adapté d'après la longue nouvelle de Conrad, *Au cœur des ténèbres*, qui se déroule d'ailleurs non en Asie mais en Afrique noire, je me rappelle la danse chinoise et ralentie, gymnastique épurée, entamée par Martin Sheen, officier américain, dans sa chambre miteuse d'hôtel. Flingue sur la table de chevet, whisky à portée de la main, délire hanté de rotors d'hélicoptères et de mitraillages au-dessus de la jungle. Dans un faux mouvement, il s'entamera le bras, du sang partout, puis s'enveloppera dans ses draps, pareil à un curiste au bord d'une piscine thermale. Écartant les lattes du store, l'Américain murmure : « Saigon, Saigon… » La rue étincelle. Des Jeep passent en vrombissant. La guerre n'est pas finie. C'est un cauchemar : il a le premier rôle.

* * *

— Est-ce qu'il y a des hôtels sublimes à Ceylan ? demande la jeune cliente.

— Oui, des sublimes, tu vas adorer, répond doctement la libraire qui a déjà fait trente fois le tour du monde.

— Tu me donneras les adresses ?

— Aucun problème. Tu verras, c'est sublime.

— Et le billet ? Le moins cher ?

— À l'angle de la rue, en sortant, aux Voyageurs Associés, vas-y de ma part…

— Extra !

— Tu sais que Nicolas (Bouvier) est un vieil ami… Il passe quelquefois ici.

— J'aurais voulu lire un truc sympa, pas chiant…

— Pour Ceylan, *Féerie cinghalaise*. Si ça ne te plaît pas, je te le rachète.

— Ah ?

— Oui. Incontournable pour Ceylan.

Une fois descendu de l'échelle, à laquelle j'étais monté pour atteindre les rayonnages désordonnés, j'achète à prix d'or *Cochinchine* de Léon Werth (Éd. F. Rieder, 1926) et *Sous le panka* de Pierre Grossin (Imprimerie d'Extrême-Orient, Hanoï, 1927). La libraire et sa cliente me regardent d'un drôle d'air, elles avaient oublié que j'étais là-haut, au-dessus d'elles, et que je les écoutais. Le mauvais sac en plastique, qui contient des tongues vert fluo, *made in China*, et que je tiens ostensiblement à la main comme un trophée, les fait sourire avec méchanceté — oui, je suis un emmerdeur doublé d'un plouc !

* * *

Mon grand souffle d'air, c'était les voyages, mes voyages, nos voyages. Je crois avoir été heureux, par bouffées géantes, plongeant dans l'eau tiède des tropiques tandis qu'il neigeait sur l'Europe, dansant un collé-serré dans les nuits embaumées du parfum entêtant des manguiers, alors que l'autre moitié du globe s'éveillait dans l'aube grise. L'après-midi à Munich, le lendemain à Poudre-d'Or, île Maurice, ou à Freetown, capitale de l'africaine Sierra Leone, tourbillon des bagages enregistrés, des compagnies long-courriers, des équipages raides comme s'ils sortaient du pressing, des accélérations prodigieuses au-dessus des océans et des chaînes de montagnes, des symphonies nuageuses, des chaleurs d'étuve où les poumons peinent au pied de la passerelle...

Jouant des climats, des températures, du soleil et de l'odeur des hommes, je vivais chaque voyage comme une revanche sur le sort, sur moi-même, le hasard, la monotonie du temps. Débarqué, j'avais des appétits de naufragé, des frénésies de bagnard en cavale, des joies intenses, brèves et furieuses comme des explosions. Et mon cœur qui battait la chamade à la seule pensée de bougainvillées, de palmeraies et de mer bleue...

* * *

« *Je suis bien souvent retourné le soir à Cholon, par l'autobus dont n'usent guère que les Annamites et les Chinois, par l'autobus dont le receveur est Malabar...* »

(Léon Werth, *Cochinchine*.)

* * *

Le 747 de la Thaï décolle pour Bangkok. Douze heures de vol.

Il y a huit ans, avec un copain que j'avais réussi à débaucher pour l'aventure, j'étais allé en Thaïlande. Dans le quartier du Châtelet, une feuille scotchée au revers d'une vitrine d'agence fut le détonateur : le prix restait modique à condition d'embarquer dans la semaine...

Deux jours plus tard, nous grimpions dans un DC-10 de la Biman, compagnie nationale du Bangladesh, dont je garde un souvenir mitigé. Trois heures d'escale dans les Émirats — où nous faillîmes sur un malentendu nous faire écharper par des douaniers à cran —, dix de plus et de nuit sur les banquettes en skaï de l'aéroport de Dacca, le tout avec, au premier plateau-repas servi à bord, des maux de ventre, de tête, une colique tyrannique, épouvantable... Je finis le voyage dans du coton, sonné comme un boxeur vaincu, délirant presque, tandis que mon camarade, affolé par la situation, compulsait ses guides pour me dénicher, à l'arrivée, un hôpital digne de ce nom. En sueur, fondant comme du beurre sur une poêle, je me dirigeai à tâtons, sitôt au sol, vers cette ville compliquée et brutale, l'hôtel, ma chambre, le bloc chéri des sanitaires.

La nuit durant, refusant les médecins dont j'ai une trouille épidermique, je dormis assis sur la cuvette des toilettes. Ce ventre baratté, en compote, frappé de soubresauts, me faisait craindre le pire. Allais-je y passer, là, dans cette chambre de l'Hôtel Rajah ? Une boîte d'Ercéfuryl et douze cachets d'Imodium sauvèrent la mise. À l'aube, j'étais en carton, hébété, mais sauf…

Un tuk-tuk couineur et pimpant nous déposa au parc Lumpini, havre de relative fraîcheur dans les artères surchauffées de Bangkok. De jeunes Thaïs s'adonnaient à des mouvements de gymnastique traditionnelle. D'autres, formant un cercle, jouaient avec une balle creuse en osier à une sorte de football ralenti et aérien : elle crayonnait des arabesques dans la lumière neuve, avant de rebondir de plus belle sous le pied des joueurs immobiles.

Des marchands de canne à sucre et de glace aux couleurs acidulées me souriaient derrière leur carriole. Il y avait des cerfs-volants dans le ciel, des bonzes en sari devisant sur les bancs, des filles à vélo, minces comme des lianes…

Flottant dans un état d'apesanteur, nous fîmes un tour sur les *klongs*, à bord d'une pirogue à moteur, ultra-rapide, dite « queue de pie », louée avec son pilote pour la journée. Bangkok avait ce jour-là quelque chose de Venise avec son odeur matricielle, mélange de terre et d'eau, d'humidité et de poussière, formule complexe faite de stagnation et d'écoulement, de retenue et d'abandon, paysage primaire qui, peut-être, ravive en nous l'écho d'un monde intra-utérin.

Le soleil vint, haut et brillant, entre deux nuages. Un rayon me toucha. Et je me sentis gonflé de sang neuf, pulsé par une énergie nouvelle, une électricité dense, inaltérable : j'étais en Asie, j'étais jeune, des dollars dans les poches, et j'avais faim de nouveau de vivre…

* * *

Nous survolons la Turquie, 780 000 km^2, 67 millions d'habitants, capitale Ankara, pays de hautes terres souligné, au nord, par la chaîne Pontique — à gauche, sous l'aile clignotante de l'appareil — et par le Taurus, au sud… On se sent d'autant plus entre nous que le monde humain, en bas, aplati comme une carte, se résume maintenant à des formules et des taux, nos soucis et nos petits tracas à des poussières d'atome. Installés dans notre fauteuil long-courrier, nous nous laissons aller aux vrais plaisirs de la vie : boire, manger et converser avec un détachement comparable à celui des dieux juchés sur l'Olympe.

Dormir en voguant sur une mer de nuages… Ah ! Où donc est le temps béni des « Short

Empire », ces hydravions britanniques qui, au début des années trente, reliaient Londres à la Malaisie, l'Afrique du Sud, l'Australie même ? Dotés de cabines à couchettes et d'un salon-fumoir, ils emportaient vingt-quatre passagers à travers le jour et la nuit, et les bougres se riaient des océans comme des montagnes, des forma-lités douanières comme des langues, voyageurs devenus éternels, rebondissant sur le globe domestiqué par l'énergie des moteurs.

J'aurais aimé faire la nique à tout le monde, moi, les prendre les uns après les autres à con-tre-pied, prétendre aller au Vietnam et me ren-dre en Namibie. Préférer Swakopmund à Saigon ; le sable aux rizières ; les descendants des colons allemands qui boivent de la bière Hansa et mangent des langoustes sur les côtes aux petits Asiatiques nourris de *nems* et roulant sur des Honda rafistolées. On me croirait en baie d'Halong, à bord d'une jonque ancienne et je serais dans la réserve de chasse d'Etosha, commandant à une équipée nègre, le fusil en travers de l'épaule, à proximité de l'étang Salé et de la frontière angolaise. On m'imaginerait dans un pousse, rue anciennement Catinat, en route pour un Pernod à la terrasse du Continental, tandis que je me trouverais au volant d'une Land-Rover, direction Seesriem, excité comme un fou à l'idée de découvrir les dunes les plus hautes du monde — jusqu'à cinq cents mètres.

Bonheur des mystifications !

* * *

Pour l'Indochine, j'ai des antécédents. Familiaux. Compliqués. Par ricochets, dirait Cendrars. Un grand-père paternel, lieutenant de tirailleurs annamites, en poste sur le pays (Cochinchine) au 2e Régiment d'infanterie coloniale, de 1927 à 1930. Un oncle René, frère aîné de mon père, sous-officier puis officier de Légion durant presque toute la guerre d'Indo, parachuté volontaire sur Diên Biên Phu, prisonnier du camp 73. Je n'ai pas connu le premier, mort en 1944, résistant, déporté à Bergen-Belsen, à peine croisé le second, trois ou quatre fois, dans son appartement de Boulogne où, peintre du dimanche, il peignait des casbahs et des oueds mélancoliques, avant de décéder sur son voilier en mer d'Iroise, ramené jusqu'au port par son fils...

Mon père, s'il avait été plus âgé, aurait aimé cette périlleuse aventure à l'autre bout du monde. Il écopa du djebel algérois, plus tard, avec quelque gloire et une philosophie minimale de la vie qui m'a ensuite impressionné : solide bon sens naturel, paysan, empirique, où chaque chose pèse son poids de réalité concrète et non de fantasme, où chaque être se juge à l'aune de ses actes et non de ses paroles... La meilleure façon sans doute de tenir lorsque l'Histoire vous emporte dans ses tourbillons et qu'à moins de trente ans, sorti frais des études, l'on se retrouve contre un talus, chargeur enclenché dans le pistolet-mitrailleur, avec derrière soi une dizaine de gus en treillis qui, à votre exemple, claquent des dents, trempent leur veste.

Je n'ai compris mon père que tardivement, ayant moi-même avancé en âge, le fossé entre nous se remplissant à mesure que nous vieillissions : les années s'ajoutaient, formaient remblai puis passerelle entre lui et moi, je veux dire entre l'homme mûr, droit, ancré, posé en équation mathématique, et cet homme jeune, rêveur, amateur de livres et de musées, si peu rationnel, que je suis devenu (le jour de ma naissance, il rassembla, paraît-il, sa compagnie et fit tirer sept salves en mon honneur avant de canarder au canon la proche montagne et, amateur de plaisirs simples, saoula son monde au gros rouge et à la bière, les femmes du bled lui offrant ensuite une somptueuse couverture brodée, rouge et blanc, qui couvre toujours mon lit, et le chef du village, un méchoui qu'il dévora avec les doigts, multipliant mimiques et rots ainsi que l'exige la coutume).

De fait, j'étais presque son contraire, moi qui vivais d'expédients, renonçais à une carrière, me vantais de flotter à la surface des choses, insaisissable, glissant aux rampes des longitudes... Le Vietnam, par exemple, à l'égal de l'Afrique où nous résidâmes trois années — mon père étant nommé par les Affaires étrangères au titre de la Coopération pour construire routes et ponts dans le sud de Madagascar, après avoir œuvré sur des pistes d'aviation en Polynésie —, m'était avant tout décor de théâtre pour une chorégraphie élémentaire où, devant des paravents stylisés, jouaient à la guéguerre vaillants soldats, douces indigènes, extrémistes fourbes... Mais, finalement, l'intrigue était heureuse : poignards émoussés, balles inoffensives, blessures sans conséquence. Chaque figurant touchait son cachet... Paysage chromo de plomb émaillé et de carton verni, prolongement d'un désir enfantin, d'autant plus splendide qu'il relevait d'une architecture imaginaire.

* * *

Bolide de titane et d'acier pressurisé croisant dans l'air pur, 900 km/h au-dessus d'une nappe de nuages roses et dorés. Survolant le Groenland, il y a des années, j'avais cru apercevoir de mon hublot de Caravelle des Esquimaux sur la banquise. Plusieurs même m'avaient fait signe. Il m'arrive de penser à eux. Que sont-ils devenus, ces microbes humains dispersés sur l'immensité des glaces ?

Je sors de ma rêverie.

— Le visage, la forme de votre visage, c'est saisissant. Quelque chose d'oriental. On ne vous l'a jamais dit ? susurre mon voisin de siège.

— Syndrome « Lucien Bodard », probablement, n'allez pas chercher plus loin.

* * *

Bangkok, septembre 1992. Atmosphère moite. Je suis arrivé car mes vêtements collent ; j'ai pris huit ans de plus.

Le minibus slalome entre autant de voitures (japonaises) que de motocyclettes (japonaises). Les premiers tuk-tuk annoncent le centre-ville ou, si l'on préfère, les artères centrales qui se recoupent et s'embouteillent plus que les autres. Certaines avenues font plusieurs kilomètres. Il y a des trous énormes dans les trottoirs, et sur les fils électriques des millions d'oiseaux noirs vous chient dessus.

La piscine de l'hôtel est verte. Pressé par un personnel insistant, l'habitude du pourboire revient sans délai, geste automatique du *farang* de base qui remplace le sourire et annule les mots.

Dormi deux heures. Au réveil, complètement groggy. Penser à écrire un poème sur la climatisation. Impossible de joindre V. au téléphone. Je sors de ma chambre en automate et murmure : Coca-Cola.

* * *

Le roi actuel de la Thaïlande, ex-royaume du Siam, a un nom de crème de gruyère, il s'appelle Bhumibol. Chaque soir, en fin de programme télé, une bande de « morceaux choisis » clôt l'antenne : discours, visites officielles, réceptions, et visages extasiés de la famille royale entourant sa Grandeur, Dieu-Vivant, Rama IX.

Après les événements de mai 1992 qui, à Bangkok, opposèrent plusieurs jours des manifestants pro-démocratiques et l'armée nationale, aux méthodes expéditives, le roi convoqua au palais son Premier ministre Suchinda, et le curieux Chamlong, chef de l'opposition. Respectant à la lettre la coutume et un draconien protocole — les télévisions du monde entier diffuseront cette scène d'un autre âge —, les deux hommes arrivèrent à genoux, mains jointes sur le ventre, l'air humble, profil bas, pour se faire vertement sermonner par leur souverain. Dans son costume trois-pièces, à quatre pattes, Suchinda, dit le Vilain, ressemblait à un roquet au milieu d'un incongru mobilier Louis XV... L'épreuve de force qui enflammait le pays tournait à la pantomime, Guignol punissant et bannissant le méchant Gnafron, sous l'œil de biche du tendre Chamlong...

* * *

Une trousse Steripack, un carnet à élastique dit « de charpentier », deux feutres noirs, et malgré tout quelque lecture : *Le Voyage du comte de Forbin à Siam*, raconté par lui-même (Éd. Zulma), *D'une ville chinoise* de Gontran de Poncins (Éd. André Bonne), et une jolie brochure publiée dans les années vingt, sous l'égide du Touring Club de France, par le Comité du tourisme colonial, ayant pour titre *L'Indo-Chine*.

J'étrenne aussi un Minolta 24 × 36 de poche, un K-Way pour la mousson, un couteau suisse à neuf lames, une lampe-torche, et un bel allant digne d'un diplômé frais émoulu de l'École d'administration coloniale.

* * *

Deux heures du matin, ayant rôdé à Patpong, le « quartier chaud », j'accroche un tuk-tuk en maraude qui fonce dans la nuit. Cinquante bahts pour rentrer à l'hôtel, le prix fort, bien sûr. Aux carrefours le ballet des phares débusquent des nuages étales de fuel brûlé. Bangkok ne dort jamais.

Longe la gare Hualampong aux abords de laquelle veillent des ombres interlopes. Pieds nus sur le bitume, un gars en chemise insiste au croisement pour me fourguer des faux Lacoste.

— *Good price ! Good quality, sir !*

Je n'ai que ce que je mérite : gueule de touriste, fantasme de touriste, emplettes-souvenirs de touriste. J'appartiens à ce troupeau innocent que l'on trait de ses dollars US.

* * *

Dans mon bagage : le récit de voyage du comte de Forbin, entre 1685 et 1688, dans ce qui était le Siam, aujourd'hui la Thaïlande. Pour cet ex-mousquetaire, futur officier de Jean Bart et de Duguay-Trouin, la mission consiste à accompagner la délégation française, envoyée par Louis XIV, auprès du roi de Siam, Phra-Naraï... En route, au sud de Sumatra, leur navire, la *Maligne*, aperçoit en pleine nuit un gros bâtiment qui, toutes voiles dehors, semble foncer vers eux. Croyant à un abordage dans les règles, les marins français tirent plusieurs coups de semonce puis se préparent au combat. Sans changer d'un iota sa course, le bateau se rapproche toujours, muet, énigmatique, décidé. La collision est imminente. D'un habile tour de gouvernail, la *Maligne* évitera le pire : les deux navires s'effleurent et disparaissent dans la nuit qui les engloutit. Juché sur la dunette, le fusil au poing, Forbin note que les ponts du bâtiment étaient déserts, qu'il n'y a vu aucune lumière, ni trace d'un quelconque équipage. Bref, que le bateau avançait seul, poussé par les vents, fixé à son cap... Étrange apparition, quasi fantomatique, comme l'image reflétée d'un miroir lointain, mirage aquatique, négatif vide d'une aventure sans lendemain. Pour ma part, j'aurais été ébranlé par un tel signe. Le comte de Forbin, de meilleur acier que moi, a tôt fait, lui, d'oublier la chose.

* * *

— *Pink Panther ?*

Contorsionné sur son siège, les yeux allumés, lâchant presque sa cigarette, mon chauffeur de tuk-tuk répliquait :

— *Yeeeees ! Good ! Fucky-fucky, massages, very good !*

C'était en 1984, lors de mon premier voyage en Asie. Une telle réclame ne me surprenait plus : sur chacun de mes trajets, entre deux feux rouges, deux ralentissements de circulation, les conducteurs de ces étranges Vespa à trois roues avaient tous essayé de me fourguer des photos licencieuses, des préservatifs ou les charmes d'une cousine. Et, puisque je répondais par la négative, ils embrayaient avec une mine de conspirateur sur quelque garçon bon marché, gentil, et bien monté, dont ils avaient la connaissance. Mais, cette fois, basta, j'étais princier : le *Pink Panther* à cinq heures de l'après-midi, et direct s'il vous plaît !

— *OK, sir. No problem.*

Mon tuk-tuk virait de bord, mettant plein gaz vers l'est de la ville, mû par un tel empressement que j'en vins à conclure qu'il toucherait, du fait de m'y avoir amené, un dividende sur mon entrée et mes consommations.

Finalement, il s'arrêta devant une haute porte surmontée d'une enseigne lumineuse. Un portier cérémonieux s'avança pour m'ouvrir le chemin. Pour la première fois de ma vie, j'avais vingt-cinq ans, j'entrai au claque…

Cet établissement, à l'orée de Patpong, avait une réputation qui forçait mon respect. Dans l'avion de la Bangladesh Airlines, mon voisin de siège, un Arabe de Dubaï, exportateur de soieries, m'en avait vanté les mérites, puis un autre type à l'hôtel qui éclusait des bières hollandaises au bord de la piscine, enfin un officier australien, attaché d'ambassade, rencontré dans l'ascenseur en compagnie d'une fille de la maison en question... On a beau dire, on est attiré par les adresses prestigieuses. La renommée internationale du *Pink Panther* m'enchantait. J'y décelais un tranquille parfum de soufre, j'avais faim de frissons sans risques.

Au bas de quelques marches capitonnées, je trouvai un bar en U, une volée de hauts tabourets où perchaient une vingtaine de filles en body. Barman européen, musique rock, flippers dans un coin, bouteilles sur le comptoir. Ayant posé une fesse sur un tabouret libre, une, puis deux hôtesses vinrent gentiment me faire la conversation. Afin de me donner une contenance, je commandai à boire : une bière pour moi, des Cocas pour les demoiselles. Les questions fusaient, disque rayé, imbéciles :

— *Where are you from ? Do you like Bangkok ?*

— *What is your name ?*

— Léopold, mentis-je. Je suis aquarelliste et vétérinaire. Je fais le tour du monde.

La plus laide, Mey de son prénom, mit une main propriétaire sur ma cuisse. Les autres s'écartèrent.

— *Oh, Léopold ! Very good ! Fine ! Doctor for the animals !*

Passée la minute d'émotion, mes battements de cœur redescendus à un rythme plus normal, je pris le loisir d'observer le décor : un genre de salon d'exposition à la Conforama, faussement accueillant, peuplé de filles maigrichonnes, tristes dans leur tenue fluo et qui, sous leur maquillage, paraissaient se ressembler comme autant de clones.

La musique était assourdissante. Du Joe Cocker. Le barman céda sa place à une Thaï plus âgée.

— *Do you like Pink Panther ?* demanda Mey en forçant la voix.

Elle avait fini son Coca et regardait son verre vide.

Je dis oui, mollement, trop mollement. On me comprit. Trop jeune encore pour être déjà émoustillé. Trop timoré, aussi. Dans le doute, sur un signe de la vieille Thaï, on m'entraîna à l'étage.

— *Follow me, Léo.*

Mey me tenait la main d'autorité. Elle monta devant moi en se tortillant. Je lui donnais dix-sept ans.

Au premier, sur une piste surélevée où clignotaient des spots de couleur, dansaient une douzaine de filles nues, qui se frottaient à des rampes d'acier verticales.

Feignant le blasé, je souris, l'air entendu, amateur tout de même, ne sachant plus s'il fallait m'asseoir, recommander quelque chose, danser moi-même ou applaudir. Je dis à Mey :

— *Beautiful… So beautiful…*

Elle ricana. Elle voyait que je me foutais d'elle.

Arrivé beaucoup trop tôt, j'étais pour l'heure le seul client de l'établissement. Tel un papillon capricieux, mon regard n'osait butiner de si charmantes fleurs. Toutes les filles me lorgnaient et le jeu des glaces, derrière elles, les multipliait à l'infini. J'adressai un signe idiot de la main et redescendis en catastrophe, Mey sur les talons.

Au bar, je voulus payer.

— *How much ?*

On me fit une addition salée, Mey étant comprise dans l'opération : ma bière, les Cocas, et l'amende payée au gérant pour l'emmener.

— *Six hundred*, répéta Mey, et elle me pressa la main.

Je payai donc et sortis. Dix minutes plus tard, Mey apparaissait. Elle avait troqué sa tenue de travail pour une chemise blanche et brodée, un pantalon de toile, des sandales. Une natte dans le dos. Un sac à main avachi. Sans ses talons, Mey devait mesurer un mètre cinquante-cinq. Pour trente-cinq kilos. J'eus du dégoût pour moi-même.

Mais ma petite paysanne avait l'air contente. Tu penses, être dehors de si bonne heure, avec un grand benêt comme moi, sentimental, inoffensif, si peu roublard ! Ça la changeait des quinquagénaires allemands, abusifs, radins et vicieux. J'étais son gâteau, à Mey, sa récréation, un bon nigaud de fiancé qui cracherait ses bahts sans s'en apercevoir, par politesse.

Elle voulut aller manger des fruits de mer sur les rives de la Chao Phraya, voir un match de boxe thaï au Lumpini Boxing Stadium, danser enfin dans la boîte d'un grand hôtel. Elle m'avoua adorer Michael Jackson, raffoler de karaté et de burgers. Si j'allais dans l'île de Phuket, ajouta-t-elle, par exemple la semaine prochaine, elle prendrait volontiers l'avion avec moi. Deux ans qu'elle n'avait pas vu la mer. Je lui offrirai son billet… Quant à l'hôtel de cette nuit, elle et moi, moi et elle, on trouverait un arrangement : pour une « complète », c'était au forfait, elle fournissait les préservatifs. Elle précisa d'un air désabusé :

— *No limits, Léo…*

Mon cœur flancha. Mes nuits de Chine sentaient le parking, et le froissement des billets — ces bahts frappés du portrait du roi Bhumibol en uniforme — remplaçait le froufrou des éventails laqués. Déjà un tuk-tuk jaune et vert pilait sur la chaussée pour nous embarquer.

— *Yes, sir ? Hotel ? Restaurant ?*

Avais-je envie de cette enfant aussi rouée que naïve ? À la vie, je ne demandais ce soir-là qu'une douche glacée, un verre dans le jardin de l'hôtel, une heure de lecture, beaucoup de calme. Bangkok by night avait des allures de cauchemar.

Je pris trois cents bahts et les refilai, en boule, à Mey.

— *So long, Mey.*

— *Oh, Léo ?*

— *Have a good time.*

Le tuk-tuk démarra sur les chapeaux de roues. J'étais à l'arrière, accroché aux barres transversales, heureux d'entendre rugir et pétarader la machine. Dans mon dos, Mey retournait au *Pink Panther*. Seule, elle me l'avait dit, elle ne savait jamais où aller. Après le premier virage, l'œil dans le rétro, mon chauffeur essaya, vicieux comme un babouin :

— *Massages ? Fucky-fucky ?*

La vie continuait pour tout le monde.

* * *

La déconvenue serait le premier ingrédient, sinon le principal, du voyage réussi. L'imprévu nous débarrassant de nous-même, la faille soudaine du monde nous donnerait à voir et à vivre au-delà des prévisions et des circuits, et ce train en retard, ce vieil avion bimoteur jamais parti, ce guide aussi retors que malhonnête, ont des chances de rester, à l'avenir, confits dans le sucre de nos souvenirs comme un sommet inégalé.

Fort de cette expérience, vérifiée plus d'une fois, quelle saloperie viet m'attend à l'aéroport saigonnais pour qu'enfin je vive un peu ?

* * *

Ma haine viscérale du « marchand », type humain incontournable, n'importe où, quoi qu'on fasse, trouvant toujours un truc à vous vendre, au meilleur prix, prix d'ami, pas-cher-mon-frère, comme si le monde lui-même était à vendre et que, de surcroît, nous étions acheteurs...

Ô détachement parfait du bonze thaï nourri chaque matin d'offrandes, ayant pour seules richesses sa sébile de jonc tressé et son sarong !

* * *

Bangkok. Ce soir, à la télévision, un épisode préhistorique de *Dallas* doublé en thaïlandais. Bobby ressemble à un pur samouraï ; J.R., avec sa voix gutturale, à un odieux marchand de soupe. On s'attend aux passes accélérées de kung-fu ; d'évidence, leur complet-veston cache un pagne traditionnel.

Chambre 416. Une corbeille de fruits jaunes sur la table de chevet, des serviettes de toilette sur la moquette râpée. Pour le plaisir du nom, j'ai acheté une fiasque dorée de whisky « Mékhong ».

J'essaie de lire Gontran de Poncins, sans succès. Le cocotier du jardin tropical tremble sous la rumeur de la ville.

Au dancing de l'hôtel, le bien nommé « Nana Hotel », Sukhumvit Road, les filles au bar ont un regard appuyé. L'une d'elles, lorsque je passe, pose ses doigts sur mon bras nu. Mon horoscope du matin — une machine délivrant pour quelques bahts un carton imprimé en anglais et en thaï — précisait, laconique : *« You are incredulous and sceptical. »*

— Yes, indeed. I'm a poor lonesome farang…

* * *

Mon premier Vietnamien au Vietnam : un employé de l'aéroport de Saigon, assis sur un banc, un balai à la main, dans un uniforme étroit, probable surplus soviétique retaillé pour le gabarit local. Puis des douaniers faméliques, casquette vissée, tout en os, avec des corps de gosse de quatorze ans, et, derrière leurs guichets usés et officiels, lumineux, étincelant, bleu pétrole, le ciel indochinois, le ciel du Vietnam…

* * *

Saigon. Mondial Hotel, mardi, quatorze heures. L'établissement se trouve sur l'ex-rue Catinat, aujourd'hui Dong Khoi Street. Mes deux fenêtres donnent sur l'escalier de secours, lui-même encastré dans un puits, surmonté d'une verrière salie, autour duquel tournent à chaque étage les chambres les moins chères. Comme vue sur la ville, c'est râpé !

Suis passé tout à l'heure devant le Continental, grand et lourd vaisseau de pierre blanchie. À l'angle du théâtre, une fillette m'a souri, tenu la main sur dix mètres, fourgué pour un dollar américain dix cartes postales dans une pochette. Les photos datent des années cinquante : couleur Technicolor, saturées, sans ombre, voitures démodées, jolies passantes en *ao-daï* devenues depuis belle lurette de vieilles grands-mères. Elle croyait m'avoir — alors que je serais plutôt ravi de ce premier clin d'œil du passé…

* * *

45

Saigon. À l'aube, dans les rues transversales, pleines du vol heurté des libellules. Des marchands de pains de glace approvisionnent les échoppes, les frigos sont une denrée rare. Petites tables en osier, chaises lilliputiennes où l'on est accroupi, il est cinq heures trente, le *pho* est de rigueur, nouilles et lamelles de bœuf.

À quai, sur le flot gras de la rivière Saigon, plusieurs cargos soviétiques à la coque embuée attendent d'être déchargés. Des marins fument des cigarillos sur les ponts. Le *Dickson Panama*, pavillon de complaisance, sommeille devant une rangée de canons rouillés.

Tout à trac, un couple me propose de jouer au badminton. Sur un terre-plein, entre des containers verrouillés et des caisses en bois marquées au pochoir MADE IN CHINA, j'échange volontiers quelques coups, le volant plane dans l'air tiède, au-dessus de mes sourires.

La ville n'est pas encore la proie des vélos, des pousses et des scooters, ces princes vifs du bitume. On peut marcher sans crainte le nez au vent. Malgré ses avenues géantes, soixante mètres de large avec contre-allées et kiosques à

souvenirs, Madame Saigon reste une demoi-
selle de province.

* * *

À la Grande Poste de Saigon, avec son
auvent en charpente vitrée, on ne connaît pas
les timbres autocollants. Sur les pupitres du
hall où, debout, l'on peut achever sa corres-
pondance ou rédiger un télégramme, des bols
de colle blanche et des pinceaux sont à la dis-
position des usagers. Un peu de patience,
beaucoup d'habileté, sous l'œil débonnaire du
portrait géant de Hô Chi Minh... Socialisme
oblige, les timbres de 2 000 dôngs reprodui-
sent l'image de chantiers industriels, grues
géantes tournant au-dessus d'un ballet effréné
de bennes actives et de tracteurs volontaires.

Je suis allé au bureau de Vietnam Tourism.
Les vols intérieurs ayant été réservés, mon
périple se voit arrêté. Il se déroulera ainsi :
Saigon, Dalat, cap Saint-Jacques, Mytho, Can-
tho, Sadec, Vinh Long, pour la Cochinchine ;
Hué et Danang en Annam ; enfin, Hanoi,
Halong et Haiphong au Tonkin. Pour chaque
région, un guide, une voiture et un chauffeur.

— Et les hôtels ?

— Selon les places disponibles. Générale-
ment, il n'y a pas le choix ; notre infrastructure
est réduite.

— Bon. Quant au permis de circulation ?

— Le voici. À faire viser à chaque fois. Mais
les réceptions de vos hôtels ou votre guide peuvent s'en charger... Bon voyage, bienvenue, et
excusez-nous...

— De quoi ?

— Nous ne sommes pas encore très
« rodés »... Je tenais à vous prévenir. Le Vietnam n'est ouvert au tourisme que depuis deux
ans.

* * *

Sous la porte, chaque matin, un exemplaire
de l'officiel *Vietnam News*. Dépêches de Reu-
ter, AFP et VNS. Tri draconien à en juger
l'actualité du jour où les seules nouvelles
d'Europe concernent le drame yougoslave, la
constitution hypothétique d'un gouvernement
communiste en Macédoine, l'annonce d'un
plausible remariage de la princesse Anne
d'Angleterre... Mais comme rien n'entame la
mentalité asiatique — « business » avant tout !
—, quelques publicités Nissan vantent aussi les

derniers modèles de la firme (*Nissan Cedric, Cabstar* 1992) et rappellent en caractères gras le numéro de téléphone du concessionnaire de Saigon.

* * *

Glissé dans mon portefeuille — entre une liasse de dôngs et une facture de bar — la carte du Club de mon grand-père, à Saigon, au 25 du boulevard Norodom... Elle date de 1929. Le lieutenant Camille Coatalem est, en tant qu'officier, membre titulaire. Boirai un cognac-soda à sa mémoire s'il reste des murs, un jardin, un arbre, quelque chose. Mais va trouver un pousse qui baragouine français !

* * *

Gontran de Montaigne de Poncins a la panoplie complète : c'est un gentilhomme vagabond, parlant huit langues, et qui fut, tour à tour, soldat, ouvrier à Rome, directeur d'usine à Manchester, reporter, explorateur.

D'une ville chinoise est le portrait d'une ville, Cholon, quartier chinois de Saigon, dans les années cinquante.

Poncins s'est installé à l'hôtel Sun Wah, il y prend des notes, fait des dessins et des croquis, place au début de chacun de ses chapitres le signe-chiffre chinois correspondant.

Dans l'un d'eux, des amis à lui cherchent un nom qui lui conviendrait, un nom qui « combine l'apparence extérieure avec l'essence de l'individu, en d'autres termes, l'accord profond existant entre le visible et l'invisible ». Dans un autre, Poncins raconte sa déconvenue lorsqu'il s'était mis en quête « d'une fille bien » et non d'une prostituée, alors que ces dernières hantaient en permanence les couloirs de son hôtel. Malaise général. Ses hôteliers ne savent plus où se mettre, ils ricanent et dodelinent du chef, très embêtés. N'auraient-ils pas, eux aussi, à compromettre une vraie jeune fille avec un Blanc de passage, tout à perdre et si peu à gagner ?

Poncins avec son goût de la pureté trouble l'ordre établi. Si ça démange monsieur, il n'a qu'à se servir dans le couloir, quoi ! Pour une idylle, désolé, rien en rayon. Il repassera.

* * *

Un bac pour la « Rive obscure », hier soir, vers dix heures, au départ de l'ex-quai de Lagogne, afin de rejoindre cette presqu'île de Thu Thiêm, l'autre berge de la rivière Saigon…

Du temps des Américains, un projet d'aménagement de la zone — créer une Saigon-bis, moderne, électrifiée, industrielle — avait été établi. Au programme, d'abord : foutre le feu, tout raser, assécher les marais en les comblant de terre et de béton. Pas de suite, évidemment, depuis 1975…

Baraques, cahutes, végétation touffue, tropicale, ponctuée de lampes sourdes, de froissements furtifs, ombreux. Langue de terre boueuse où trois cent mille habitants s'entassent. Mauvaise réputation. Ne jamais s'attarder. District considéré comme « pauvre » par les autorités elles-mêmes, et le pays s'y connaît question misère. À la périphérie, les rues sont des canaux puants ; les véhicules, de rares barques plates.

J'ose à peine descendre du bac, autobus fluvial reliant les deux rives. On me regarde à la fois lourdement et avec indifférence. Il est si tard pour un Européen esseulé… Par bravade, le long du terre-plein, je progresse sur cinquante mètres, les mains au fond de mes poches, crispées sur mon passeport et une liasse de dôngs, sifflotant, l'air dégagé... Objectif mineur : une baraque en planches, un « café-kem », où une enseigne Vache-qui-rit dessine une cible rouge sur le mur. Cinq tabourets bas, deux tables en rotin, une lampe à pétrole dont la lueur bleue vacille. Odeur violente de saumure, de vermicelle bouilli. Des types en short fument et jouent au mah-jong, le front bas, la mine sérieuse. Les pièces cliquettent sur le plateau. Une pile de billets retenus par un élastique pour enjeu.

Le patron qui m'a vu arriver m'invite du geste et de la voix :

— *Hello ! Hello ! Yes, sir ? Come on !*

Je rebrousse chemin et remonte dare-dare sur le bac suivant où s'enfourne une cohue d'hommes fatigués et de vélos durs. Suffit pour le frisson !

Reprenant pied sur l'autre rive, je file direct au Saigon Floating Hotel, étrange bateau-hôtel remorqué par les Australiens depuis Singapour et ancré dans le port. Prix prohibitifs, néons partout, sauna, piscine, filles faciles.

— De l'autre côté ? Rien à voir. Le trou. Oui, le trou intégral, m'explique un Français.

Sa famille est établie au Vietnam depuis trois générations. Son grand-père était médecin militaire. Son père, dans le commerce. Lui bosse dans le « shipping », affrètement de navires pour des destinations diverses et des cargaisons variées.

— Dangereux ?

— Pas plus qu'ailleurs.

Saigon comme fantasme, comme fiction... Où avais-je donc lu que Thu Thiêm grouillait de malandrins et de coupe-jarrets ?

Il m'apprend le « oui » à Maastricht.

— Du 51 %, je crois. Je l'ai entendu ce matin, sur Radio-France Internationale. C'est ma tournée. Que prenez-vous pour fêter ça ?

Avant que la pluie ne s'abatte en trombes, je termine ma soirée devant un œuf « opla » au Café Givral, jadis QG des correspondants de guerre. J'ai ouvert mon carnet de poche, dévissé le capuchon de mon stylo...

Le temps indochinois infuse comme du café, goutte à goutte, dans le filtre serré de mes noires pensées.

De quoi va-t-il être question sinon, déjà, d'un peu de ma désillusion ?

* * *

Quelques mots : *may bay* (avion), *rau mang* (liseron d'eau), *em dep lam* (vous êtes jolie), *anh yeu em* (je vous aime), *di rua* (diarrhée), *phap* (français), *cai man* (moustiquaire).

Ajoutons que le *d* se prononce *z* et que *ng* se dit *gn*.

Heureusement, bonjour comme bonsoir se résument par *chao*.

* * *

Saigon. Mannix a trente-six ans, un début de calvitie, une barbe soignée, un divorce dans les dents et, depuis, une passion immodérée du voyage lointain. Il travaille à Blaye, près de Bordeaux, dans une centrale atomique. Et si le risque paie, il le dépense aussitôt, sans amertume, ni question. C'est au bar du Continental — une fleur odorante de frangipanier est tombée sur ma chaise — que nous nous rencontrons. Lui aussi circule dans le pays avec les sbires de Vietnam Tourism. Nous sympathisons tout de suite. Avec son accent du Sud-

Ouest, son culte du bordeaux et ses frénésies de « bonne bouffe », il me plaît autant qu'il m'amuse. Nous nous proposons d'aller dîner, déjà vieux complices.

— Affaire conclue !

Et nous voilà bras dessus, bras dessous, à remonter la rue en direction de la poste et de la cathédrale Notre-Dame-de-Saigon. En route, on s'arrête au Tiger Bar où Charlie, Chi de son vrai nom, nous sert deux Pernod à l'eau distillée.

— Dîner en ville sans avoir pris d'apéritif est une faute de goût ! me précise Mannix.

La nuit est traversée de chauves-souris. Nous zigzaguons sur les trottoirs. Je me sens joyeux.

— On rentrera en pousse ! dis-je, comme si la chose m'était désormais naturelle.

* * *

Lors de mon précédent voyage en Inde, dans l'État de Goa, ex-Inde portugaise et catholique, j'avais eu, deux heures durant, alors que je me trouvais allongé sur une plage déserte, et que le tiède océan clapotait à mes pieds sur cinq kilomètres de rivage ombragé de cocotiers, la tentation de tout abandonner, de tout lâcher, de disparaître loin de la vieille Europe… Il me suffisait de déchirer mon billet de retour, de faire virer mes économies sur une banque indienne, de prolonger mon visa, de louer une voiture et de filer droit vers le sud, direction Mangalore. Vu les prix pratiqués dans la région et la gentillesse confondante des gens du pays, j'aurais trouvé sans me fouler une villa parmi les cocotiers, au bord de la mer d'Arabie. De Paris, V. serait venue me rejoindre. Et à la manière de ces poignées de hippies disséminés sur les plages de Baga et Chapora, nous aurions vécu longtemps d'amour, de soleil et de curry, pour moins de vingt francs par jour…

* * *

Posté sur le trottoir, bras ballants. Deux ou trois motocyclistes crèvent aussitôt le ban des vélos — lente et interminable procession calme, deux cents bicyclettes à la seconde aux grands carrefours, ponctuée de rares coups de sonnettes et d'encore plus rares accrochages — et m'accostent, souriants, confiants dans leur bonne étoile.

— *Yes ?*

Je donne sinon ma destination, du moins un cap approximatif, conviens d'une somme raisonnable. Et monte en croupe. Rien de plus pratique pour découvrir la ville de Saigon ! Car, dans la plupart des cas, le motocycliste qui n'a rien compris de l'adresse demandée vous balade, pépère, jusqu'à ce que l'on crie grâce…

* * *

Ce sont de maladroites photos jaunies, des soldats en treillis qui rient et fument des cigarettes sans filtre. Guerre d'Indochine, dont les noms s'égrènent comme autant de pierres multicolores d'un chapelet venimeux : Nghia Lo, Gia-Loi, Hoa Binh, Xuan-Mai, Tai-Binh…

Photos d'amateur, prises avec un médiocre appareil, photos de copains, photos de parachutages au-dessus de collines noires, moutonneuses de jungle, lunaires parfois. Rapides brancardages, de l'herbe à buffle jusqu'au ventre, de l'eau jusqu'au cou. Colonnes interminables, distendues, rissolant sous la chaleur, craignant le bruit, se méfiant des fourrés, en quête d'un objectif introuvable, d'une existence supposée, aléatoire. Attaques, patrouilles, coups de main sous la protection de quelques hélicos, d'un ou deux canons de campagne qu'il faut tirer, pousser dans les ornières, hisser sur les talus, retenir dans les pentes herbeuses. Silhouettes anonymes, floues pour la plupart, montant à l'assaut d'un ennemi invisible, mitraillant devant elles le vide absolu, néant démoniaque d'une histoire oubliée... Au Laos, en avril 1953, dans la fameuse plaine des Jarres, René Coatalem, mon oncle, est à la tête de sa section de parachutistes autochtones, au garde-à-vous sur trois rangs. Fin 1953, autre photo, je le retrouve à Hanoi, portant fourragère et képi. Remise de la Médaille militaire, pluie battante. À ses côtés, un sous-officier vietnamien qui, devenu colonel, sera l'un des derniers défenseurs de Saigon en 1975.

Après Diên Biên Phu, où il se portera volontaire, René échouera dans un camp viet, le n° 73, où il se fait passer pour belge — notre patronyme, qui fleure pourtant l'ardoise et le varech, et qu'un probable aïeul, pirate à demi, illustra au XVe siècle par le sac de la ville de Bristol avant de devenir amiral de la flotte portugaise, permettant tous les subterfuges, y compris les plus enfantins.

Libéré, René regagne la France fin 1954. L'Algérie, la Légion et deux galons de lieutenant l'attendent. Il a trente ans.

* * *

Saigon. Le ciel ne veut pas tomber. C'est une masse énorme de plomb en fusion qui, sur un mystérieux déclic, se déclenchera tout à l'heure en une formidable avalanche. D'une seconde à l'autre : ville noyée, obstruée, dégueulant ses eaux en torrents, remplissant chacune de ses rues comme de vulgaires canaux. Sans parler du vacarme, de l'obscurité, on ne voit guère à dix mètres — le monde est un chaudron.

De dépit, j'allume la télé : Stone et Charden, il y a quinze ans, juste après un reportage mielleux sur la faune des Galapagos.

Cherchez l'erreur !

* * *

Bar du Rex, ancien quartier des officiers américains célibataires. De son cinquième étage, la terrasse domine la ville. Je bois un

Martini hors de prix, les yeux posés sur la façade chou à la crème du Grand Théâtre. Silence étonnant d'une cité presque sans automobiles.

Au bar, des Australiens, des Viêts autour de tables en métal, des bonsaïs dans leurs pots décorés, et des volières tristes où les oiseaux sont muets. Regards sans équivoque des filles qui guettent leur client du soir, le jaugent, l'évaluent, riche ou non, exigeant ou pas, naïf ou vicieux, demandeur ou indifférent.

Je me souviens du reportage de Lartéguy sur les derniers jours de Saigon, en avril 1975 : l'Armée révolutionnaire du Nord prenait peu à peu cette ville curieusement pavoisée de drapeaux français, et toutes les filles cherchaient à se marier au premier venu, du moment qu'il fût blanc, qu'il possédât surtout un billet d'avion pour l'Europe. Ainsi ne resta plus dans les rues désolées que le « second choix » ou des inconscientes vite rééduquées par les oncles commissaires…

J'attends Mannix depuis une demi-heure.

Fana de sophrologie, technique d'autosuggestion utilisée pour se déconditionner du stress professionnel, ce garçon s'accorde une séance d'un quart d'heure par jour, après la douche, avant l'apéritif. Son truc fonctionne du tonnerre de Zeus : il s'endort dix minutes d'affilée n'importe où, n'importe quand, flotte dans un état bienheureux le reste de la soirée, l'œil frais et le teint lisse. Je lui concède nos additions alcooliques qu'il règle par paquets de dôngs sans sourciller, mieux, un sourire béat aux lèvres... Allez, pour une fois que j'ai un bon copain et que l'énergie nucléaire me désaltère !

Pour l'heure, Mannix est allé s'acheter un lot de tee-shirts, articles pour lesquels mon Bordelais semble être frappé par à-coups d'obsession. En taille XL pour le gabarit européen, le coton imprimé de n'importe quel slogan n'a ici qu'une vertu : la couleur vert Nil du dollar.

* * *

« *Les excursions peuvent se faire à dos d'élé-phant ou à cheval ; en sampan, petite maison flot-tante avec ses nattes, son toit, sa cuisine ; en pousse-pousse, voiture légère à deux roues, tirée par un indigène ; en chaise...*

» *La sécurité est complète dans toutes les provin-ces de l'Union indo-chinoise ; seule dans certaines régions éloignées, l'attaque des fauves est à redouter... »*

(Comité du tourisme colonial.)

* * *

Saigon. Aon est guide à Vietnam Tourism. De grosses lunettes, un *ao-daï* rose, des seins empreints de modestie. Grâce à son papa cadre du parti depuis vingt-cinq ans, elle a obtenu ce poste. Pourboire compris, elle gagne de trois à quatre cents dollars par mois, soit plus de cinq fois le revenu moyen. Elle a appris à parler notre langue dans *Tristan et Iseult* et *Les Chemins de la liberté*, sous la férule d'anciens professeurs formés par les Français.

Aon me confie préférer et de loin les touristes français et italiens aux chinois et coréens, avec qui elle dialogue en anglais. Les Chinois de Hong Kong par exemple, précise-t-elle avec reproche, montent à dix dans le minibus, boivent comme des trous, se foutent des monuments, et invitent des filles. Ils visitent la ville complètement cuits, les demoiselles gloussant sur leurs genoux. Ces filles, Aon sait où les trouver, elle connaît les cafés louches, les « cafés embrassant ». Volontiers, elle me les montrerait. Mais elle répète, mi-sur-

62

prise, mi-dépitée : « Avec vous, ça se voit, c'est différent. »

Je ne sais comment le prendre.

* * *

Le « permis de circulation » est une chose abominable, délire stalinien de fonctionnaire paranoïaque. À la façon d'un pèlerin qui, le long de sa route, s'arrêterait à chaque lieu saint pour se flageller, le touriste occidental voyageant seul doit faire viser son permis à chaque ville-étape auprès du bureau de police correspondant... Cela tourne vite au chemin de croix — d'autant que les préposés, quand on les trouve, ne parlent souvent ni français ni anglais. Dans la plupart des cas, ils se méfient de vous et se métamorphosent en petits chefs pinailleurs. La solution la plus facile, finalement, et c'est le but de la manœuvre, consiste à acheter en dollars ses excursions et ses visites à un organisme d'État qui, vous flanquant d'un guide et d'un chauffeur, vous dispense de ce parcours du combattant. D'un pieux sourire, pour vous éviter des amendes de cent dollars, ils prétendent se charger de ces formalités alors qu'ils n'en font rien, leur objectif étant atteint :

soutirer des devises supplémentaires sans vous lâcher d'une semelle...

* * *

Un cyclo-pousse ?

À un dollar l'heure, me voilà parti pour Cholon. Mannix m'accompagne, idéal camarade.

Cholon, ville chinoise, peuplée de Hoas parlant le cantonais. Cholon, quartier n° 5, ville de l'opium et des plaisirs, grouillement humain autant qu'animal, milliers d'échoppes semblables et répétées à l'infini, débordant des avenues, des rues, des ruelles, jusqu'aux plus étroits des goulots.

Masse des vélos, des scooters, des enseignes colorées. Empilements de fruits, de boîtes, de chapeaux coniques, de téléviseurs, de petits pains dorés, de poules et de cochons.

Effluves surprenants de canard laqué, de bois de jacquier, de pétrole brûlé, de gomme, de charbon, d'encens et de merde.

Et partout ces vols de libellules, minuscules hélicoptères, taille de verre filé, tête de rubis tendre, au détour des rues.

On s'enfonce, on se perd. Et puis la pluie crépite. Mon pousse relève la capote, sort une bâche imperméable qu'il tend entre les deux montants — me voilà invisible, juste une fente pour regarder, incognito, dissous dans le paysage trempé.

Parvenus à la pagode de Giac Lam, un bonze nous offre le thé et des cigarettes au goût âcre. On s'assoit en tailleur sur les dalles fraîches. Derrière nous, un Bouddha d'or flanqué de demi-dieux, dont le dénommé Quam Am, doté de mille yeux et mille bras, veille en silence sur la quiétude du monde.

Ce soir, épuisés mais ravis, nous dînerons d'un solide appétit au Château Restaurant, Tran Hung Dao Street, spécialités de fruits de mer.

* * *

Tout a commencé le 20 juin 1927, à Marseille, à bord du vapeur *Cap-Saint-Jacques*, en partance pour l'Indochine.

Parmi les passagers, fonctionnaires et commerçants, on compte un lieutenant d'infanterie coloniale de trente-trois ans. Après des régiments algérien et tunisien pendant la guerre, il est affecté à une unité de tirailleurs annamites et rejoint sa garnison. En 1916, à Fleury-sur-Douaumont, près de Verdun, il a été blessé d'un éclat d'obus au genou droit et, depuis, boite légèrement de cette jambe. Il porte la croix de guerre avec étoile de bronze. Camille Coatalem est mon grand-père paternel, je ne l'ai jamais connu.

Le 13 juillet, il débarquera à Saigon. À la tête de sa compagnie indigène, il participera sinon à des combats, du moins à un service d'ordre sévère, visant à réprimer les premiers « troubles » du pays. Son livret militaire, dont j'ai copie, indique plusieurs opérations dans des provinces du sud, aujourd'hui introuvables sur les cartes.

De lui, j'ai quelques photographies d'époque. L'une le montre avec des camarades, allant faire la « bombe » en ville, costume civil, cravate noire, souliers cirés, chapeau-feutre, et clope au bec, piqué au milieu du visage. Un copain aviateur, rondouillard ; un autre, gentil fils de famille, moustache fine d'amant, lunette aux montures de fer. Camille, lui, porte beau et se dresse de toute sa taille… Une autre le montre en pied, tenue militaire d'apparat, sur la terrasse d'une riche villa. Casque en liège frappé de l'ancre de marine, vareuse blanche, baudrier d'officier fixé au ceinturon de cuir, pantalon bouffant comme une culotte de cheval, guêtres immaculées. Une haie de plantes grasses débordant de leurs pots de faïence, où se mêlent les palmes échevelées d'un jardin tropical, monte jusqu'au cadre pour isoler notre soldat dans un écrin de verdure.

Cette photo sépia, retirée et agrandie, ne me quitte pas. Camille fume une cigarette, le regard droit, vers l'objectif, pour l'éternité. Il ne sait pas ce qui l'attend, j'ai cet avantage douloureux sur lui. Dans trois secondes à peine, il oubliera le photographe et retournera boire un cognac-soda à la réception qui bat son plein. Il y a après lui, en enfilade, toute l'Asie, toutes les situations imaginables, soixante-cinq ans aussi de séparation.

Ma fille porte son prénom et je pense à eux deux, maintenant, mon Camille d'hier et ma Camille d'aujourd'hui, marchant dans cette ville tranquille et surannée, peuplée de vélos et de libellules, vieille dame un peu rigide, qui en a trop vu et ne veut plus mourir...

* * *

On fait des ronds entre les rives, au milieu des cargos coréens et soviétiques tenus à quai. La cuisine est succulente, le service rapide, et la musique assourdissante comme il se doit pour une fête, telle qu'on la conçoit en Asie.

Le bateau-restaurant sur la rivière Saigon est illuminé de lampions. Une savante configuration d'ampoules jaunes et rouges lui dessine la silhouette d'un poisson des abysses, yeux-phares, nageoires dressées en arc-en-ciel, gueule ouverte sur des rangées de dents lumineuses — on dîne, petit Jonas, dans sa bedaine.

Un Viêt poupin, sosie d'Elvis Presley, costume moulant argenté, escorté de trois gracieuses qui en avaleraient leur micro, s'égosille en play-back sur des guimauves disco. Abrutis de saké, des Japonais se lèvent pour se trémousser sur la scène. Un Indien en turban, vicieux de mièvrerie, pousse la chansonnette. Retenu par je ne sais quelle pudeur, craignant de briser cet engourdissement kitsch, je n'ose pas bouger.

Ma table est un plan fixe, le monde entier s'y glisse. Loin derrière nous, dans ce noir total qui n'a plus de réalité, des éclairs tropicaux déchirent la Cochinchine comme une soie précieuse.

* * *

Elle doit avoir douze ans et, sur le trottoir, vend des classeurs de facture artisanale, cartonnage fuschia et vert, où sont glissés une vingtaine de piastres et de dôngs, coupures démonétisées. Prix annoncé : dix dollars.

Le jeu consiste à vous fourguer l'un des classeurs puis à disparaître, sourire aux lèvres, pour en exiger le prix. Je tombe dans le panneau : en moins de deux, me voilà le machin à la main, et la fille s'est évaporée.

À mon apparent désarroi, le chauffeur oppose un dubitatif :

— Tss-tsstsss…

La voiture démarre. J'ai promis à Mannix de le rejoindre au Continental et il n'est pas question de louper mon rendez-vous. Malgré moi, j'emporte le classeur dont les feuilles de mauvais plastique suent sur les billets. L'offrirai à Nicolas à mon retour. Tant pis pour la fillette !

Mais derrière la voiture, à califourchon sur une Vespa conduite par une amie, la gosse me suit, faussement indifférente, me surveillant du coin de l'œil. Slaloms entre les pousses et les carrioles. On ne me lâche pas.

Nous traversons Cholon, longeons la rivière Saigon, remontant en direction du Jardin botanique. Au deuxième feu rouge, l'engin vient se ranger, pétaradant, sous ma vitre. Sourires. C'est elle. De mèche peut-être avec mon chauffeur. Je me dis que je viens d'économiser dix dollars et que ma fermeté une fois encore s'est montrée payante, soit économe…

Un quart d'heure plus tard, alors que je suis attablé en terrasse et que je me vante de mon trophée, la fillette repasse sur le trottoir et m'adresse, négligent, un geste des deux mains : *ten dollars* ! Son prix n'a pas bougé, pas plus que son ardeur commerciale ! C'est moi qui me suis déplacé dans la ville, simplement. Notre transaction n'a pas été entamée par ces vulgaires kilomètres ! D'ailleurs, ce classeur serait à moi, si je n'avais pas oublié un détail…

Vaincu par tant de détermination, je fais signe que oui, je suis preneur.

— Avec des « commerciaux » pareils, on ferait un malheur en France… commente Mannix.

* * *

C'est à bord d'une Dauphine bleue, taxi à part entière malgré son âge canonique, que je me suis rendu à Cu-Chi, ancienne base viêt-cong, à deux heures de route de Saigon. Sur trois niveaux, se déroulent deux cents kilomètres de galeries souterraines où l'on découvre, s'il vous plaît, un hôpital, des postes de combat et de commandement, des cuisines, des salles de repos et une gamme complète de pièges en tous genres — le plus usité étant la floraison de pieux en bambou.

Un soldat taillé en allumette me guide, non sans fierté, sur les lieux. Cette « ligne Maginot » asiatique force le respect. Ni les bombes des B-52, ni le napalm, moins encore les « Rats », forces spéciales américaines entraînées au combat en souterrains, constituées de nabots musclés, n'en sont venus à bout. À visiter une partie du site, élargi pour des besoins touristiques, on le comprend aisément. Le diamètre des boyaux atteint à peine soixante centimètres sur un mètre de haut, l'obscurité est totale, la chaleur intense et humide, l'aération s'effectuant par des conduits verticaux que dissimulent en surface des buissons et des arbres…

Par une trappe, je risque une descente, franchis le premier niveau, atteins le second, renonce au troisième lorsqu'il me faut progresser accroupi, les neuf mètres de terre au-dessus de moi rabotant mon dos, pressant mes épaules.

Mon soldat ricane, lui qui se faufile comme une anguille : avec mon mètre quatre-vingts plié en quatre, le souffle court, mes mâchoires broyant la lampe-torche, je démontre une fois encore l'inadéquation occidentale à ce genre de plaisirs... Preuve suffisante, aux yeux de mon guide, que si c'était à refaire aujourd'hui, on se prendrait encore une rouste...

* * *

Saigon. Mme Suzy Dai est une ancienne avocate internationale qui, à l'arrivée des communistes, a transformé sa bibliothèque personnelle en restaurant, au 84 de la rue Nguyen-Du, à quelques pas de la cathédrale en briques rouges de Marseille, Notre-Dame-de-Saigon. Elle n'a que sept tables, et il faut une fois réservé préférer le menu vietnamien à l'européen, pantagruélique, délicieux. On dîne dans une semi-pénombre, rafraîchis par les ventilateurs du plafond, parmi ses manuels de droit, quelques biographies, les romans en poche de Delly et de Henri Troyat.

Mme Dai est un personnage. Elle a le sens du théâtre. Elle soigne ses entrées, ses reparties. Son restaurant reste sa scène. Dès qu'elle entre, on sait que c'est elle, Mme Dai, féline, malicieuse. Elle a la grâce d'une ancienne ballerine, l'autorité d'une femme de tête, les subtilités exquises de sa race.

— Vous êtes françaises ? demande-t-elle à deux jeunes filles dont l'une, la brune, ressemble comme deux gouttes d'eau à l'actrice de *L'Amant*.

— Hollandaises. Mais nous apprenons le français.

— C'est bien quand même.

Elle leur tourne le dos pour s'approcher de nous. Mannix qui aime les honneurs roule des yeux. Il se lève, je l'imite.

— Français ?

— Oui, madame, répond-il très vieille France, de Bordeaux précisément. Et basque par mon père.

— Je connais bien Bordeaux, figurez-vous. J'y ai fait un séjour...

Le courant passe, nous discutons un quart d'heure. Alors qu'une serveuse dépose à notre table une assiette de *nems* sur un lit de feuilles de menthe, Mme Dai murmure, en gloussant :

— Vous m'excuserez de vous servir une cuisine si bourgeoise. J'ai le tempérament plutôt réactionnaire.

En fin de repas, elle nous invite à monter chez elle, au premier étage — « une soirée entre amis… ».

Un piano dans l'angle, deux rangées de chaises. On boit du thé vert. Les ventilateurs peinent dans la moiteur. Un orchestre de quatre musiciens surgit de derrière une tenture et s'installe. Une guitare, une flûte, un tambourin, un *dan bao*, instrument monocorde au son étiré, hypnotique.

— C'est que nous avons quatre mille ans d'histoire et traditions…, s'excuse presque notre hôtesse.

Aux premières notes, six jeunes danseuses, presque des enfants, nièces de Mme Dai, s'ébrouent sur le parquet. Danses folkloriques, du nord au sud. De si près, je sens leur souffle, devine leur transpiration, regarde leurs yeux fixes, leur bouche, leurs mains qui tremblent, tendres et énigmatiques comme des oiseaux. Incapables de formuler un mot, sous le choc et l'émotion de ces corps et de ces danses, nous sommes médusés.

Au bout d'une heure, « Parce que vous êtes français », l'orchestre ébauche *La Vie en rose*, puis *J'irai revoir ma Normandie*. Les petites danseuses rient dans le couloir, une main posée sur leurs lèvres peintes, parfaites vestales... Nous passons devant elles, comateux, et dégringolons de l'escalier comme d'une montagne sacrée.

* * *

Et sous Hô Chi Minh-Ville, toujours Saigon, Saigon la jouisseuse, perle de l'Orient, belle colonie à la voix éraillée, oublieuse de la morale socialiste...

Les trottoirs du Marché aux Voleurs croulent sous les piles de magnétoscopes, de téléviseurs taïwanais, de cassettes de jeux vidéo. Le commerce privé n'est-il pas, en partie, autorisé ? Si les flics déboulent, il y en a tant, par petits groupes sur des scooters, la casquette plate et le regard mauvais (on les dit « aussi méchants que des chiennes enceintes »), le patron sort, et les achète. Car, bien sûr, tout est plus ou moins de contrebande et plutôt plus que moins. Les frontières sont poreuses, l'argent cash est un formidable soporifique pour les consciences trop pures. Et on trouve tout : de la cartouche Marlboro, Dunhill ou Craven pas vraiment d'origine, au tee-shirt « Apocalypse now ! », en passant par les canettes de Coca-Cola fabriquées à Singapour. Paiement en dollars. Les brouettes de dôngs dévalués n'y suffiraient pas — un dollar en vaut dix mille, soit la plus grosse coupure en circulation dans le pays.

Les Volga et les antiques Tchaïka ont été remplacées — amitié entre les peuples oblige — par des Toyota « fantastic ». Le Comité populaire lui-même a abandonné ses limousines soviétiques pour de banales Renault 25.

Dans dix ans, des gogo's bar partout... Et le petit cadre raide du Parti sera reconverti, costume sombre sur chemise blanche, dans le business international, comptes numérotés à Hong Kong aussi froids que les couplets des doctrines marxistes.

Derrière ces soldats de la Libération, aux visages de gosses orgueilleux — qui cuirent

jadis leur riz sur l'esplanade du palais du gouverneur comme s'ils campaient dans la jungle,
après avoir descendu la rue Catinat à bord de
camions Molotova tractant des canons de 130
—, l'âme cynique du commerçant gras sommeille…

* * *

Dès la nuit tombée si l'on tente l'aventure
de déambuler dans la ville, non pas un soir de
grand raout, ces samedis et dimanches où la
jeunesse locale en un cortège interminable de
vélomoteurs sillonne les principales avenues,
tournant en rond pour brûler du pétrole et se
montrer les uns aux autres, des ombres se déta-
chent des murs où elles se collaient, s'accro-
chent à vos pas, posent la main sur vous et,
pour quelques dollars — car ici, même chez le
revendeur à la sauvette, la monnaie américaine
inspire plus confiance que le dông national —,
vous proposent tout ce que peut souhaiter un
homme seul dans les rues à une heure tardive,
des filles « *beautiful* », des boîtes très « *fun* », des
virées lointaines en voiture, de l'opium peut-
être, ou alors des trucs plus louches encore,
tordus, indicibles ouvertement, que des gestes

prestes de la main peuvent expliquer, circons-
crire, résumé odieux, terrible…

Écrivant ces lignes dans mon carnet de
poche, attablé au Café Givral, face au théâtre, je
songe à l'explication de Poncins : pour l'âme
asiatique, tous les désirs doivent être satisfaits,
c'est leur non-assouvissement qui est honteux…

$$* * *$$

Nguyen Dihn Kim admire Céline sans
l'avoir jamais lu. Même en version poche,
Voyage au bout de la nuit ferait son bonheur. Je
promets de le lui envoyer dès mon retour en
France.

Kim aime la lecture. Pendant onze ans, il a
dû pourtant s'en cacher comme d'un vice. Il
fut interné en camp de rééducation, rizières
matin et soir, dortoirs gardés la nuit. On ne
pardonne pas aux officiers de l'armée du Sud-
Vietnam, anticommuniste, on les rééduque par
le travail collectif et l'air des champs. Et il était
capitaine d'infanterie.

En douce, il m'a abordé sur l'ex-boulevard
Norodom, aujourd'hui boulevard Le-Duan.
Entre le Palais de la Réunification — on se sou-
vient de ces images d'actualité où les chars en

défoncèrent les grilles — et le Jardin botanique, je cherchais en vain l'ancien club de mon grand-père. Kim s'exprime dans un français correct qui lui revient par à-coups, comme des sanglots. Piqué par je ne sais quelle mouche, il m'agrippe, m'entraîne, me montre l'université qui occupe depuis les lieux. Puis il m'invite chez lui avec un empressement gauche, une gourmandise émouvante.

— Nous parlerons français ! Vous êtes les plus gentils du monde !

— Et la guerre ? Tous ces morts...

— Oubliée ! Oubliée ! Nous aimons les peuples qui ont une histoire... et de bons écrivains. Céline est-il si bon que cela ?

— Je vous l'assure. Mais je ne voudrais pas vous causer des ennuis si...

— Nous ferons attention. S'il y a de la police, je changerai de trottoir et nous marcherons en parallèle...

On s'enfonce dans Saigon. J'ai perdu mes repères. Tout ce que je sais, c'est que je me trouve perpendiculairement au fleuve. Et que ce type n'a pas l'air d'un mauvais sire. Sa gentillesse me tient mieux qu'une laisse...

Nous arrivons chez lui.

Trois pièces nues en ciment donnant sur une arrière-cour où cohabitent vélos, bassines, cartons et linge qui sèche. Une table sous une fenêtre, une chaise longue, deux tabourets pour mobilier. Tendus sur des fils, des draps de couleur découpent des cloisons mobiles. Le frère de Nguyen vient me saluer puis disparaît. « Il a à faire » me dit, mystérieux, mon hôte en me faisant asseoir.

Avec mille précautions, les extrayant d'une pochette en plastique, Nguyen me montre deux exemplaires du *Figaro Magazine*, inestimable trésor, rachetés à prix d'or au Marché aux Voleurs. Sa nièce, Hanh, « encore célibataire », précise-t-il, en copie approximativement les modèles.

Derrière sa machine Singer à pédale, elle est jolie, fragile comme une fleur de serre. Après deux ans d'études en pharmacie, elle s'est reconvertie dans la couture à domicile. Plus rentable, moins voyant. Elle parle un français qui chante et m'observe, timidement, par en dessous. Elle me confectionnerait bien des chemises si je lui demandais. Paris la fait rêver, même si elle ne comprend pas pourquoi « la

France est devenue socialiste, un si grand pays ! ».

On se montre des photos. Échange d'adresses et de promesses. Je bois du Seven-Up et fume des cigarettes locales qui me vrillent le cerveau. Kim souhaiterait que j'ajoute à mon premier colis un volume de Courteline et du tissu.

— Quelque chose de léger pour la poste et de bien aussi... Je vous paierai mais je n'ai que des dôngs...

Nous attendons une heure l'arrivée de la mère de Hanh qui « vous aurait expliqué plein de choses sur les Français de l'époque ». Mais la nuit va tomber. Je dois rentrer.

Kim tient à m'accompagner sur le chemin du retour, il a peur que je m'égare dans les populeux faubourgs, me fasse braquer par des « hooligans ». Gêné, il m'interroge :

— Zen-Luc, combien pesez-vous ?

— Plus que vous, certainement.

— Sauf votre respect, Zen-Luc, prenons mon vélo, nous sommes si loin du centre-ville. Je monterai derrière, vous conduirez.

Kim a en effet le poids d'un enfant. Il se cramponne à la selle, je pédale sans effort.

Nous retrouvons vite le grouillement des rues, la cohue des pousses et des scooters, enfin la belle descente de la rue Catinat que nous prenons en roue libre, freinant des quatre pieds.

Mon capitaine d'infanterie babille sur le porte-bagages.

— Luc veut dire lumière en latin, n'est-ce pas ?

Il y a des cargos en rade dans Saigon, des filles superbes sur les trottoirs, et des cafés où l'on boit frais sur les terrasses. J'aime soudain le Vietnam.

* * *

Route de Sadec. Je croise un corbillard peinturluré, gros chariot mécanique tarabiscoté de dentelures criardes, le cercueil lui-même travaillé et festonné en gondole d'apparat, autour duquel à la force des bras se suspendaient six grooms hilares, maquillés à outrance.

Aon me précise que j'ai de la chance. Pour un bouddhiste, voir la mort de si bonne heure est un heureux présage. Mais suis-je bien bouddhiste ?

* * *

Sur les rares photos familiales, que chaque génération semble avoir prises sans originalité aux mêmes endroits mais à des époques différentes — la plage de Morgat, les grottes de Kador, la fameuse cabine et les galets, le port et son môle —, je retrouvais Camille et son père, Camille et ses deux fils, René et son fils, Papa et moi, tour à tour enfants, adolescents et adultes, empruntant l'un à l'autre sans savoir des gestes et des expressions, finissant même par nous confondre au point qu'il me fallait vérifier la maigre légende au dos du cliché, et reconnaître enfin Camille, là, René, ici, Jean… Et encore aujourd'hui, il m'est nécessaire, s'ils apparaissent en civil ou s'ils sont encore très jeunes, de chercher qui est qui, tant ils se ressemblent, tailles égales, allures semblables, leurs tenues balnéaires — un maillot noir, une serviette rayée ou un cordon de masque à plongée autour du cou — accentuant les similitudes.

À Bergen-Belsen, Camille est mort avant l'arrivée des Alliés, après cette pluie de bombes sur l'Allemagne. Et j'ai rôdé plusieurs fois autour des deux villas de Plomodiern où les Allemands l'avaient emprisonné les jours suivant son arrestation. Deux villas à la fois tristes et inquiétantes comme on en trouve sur la côte normande, identiques, construites par un père pour ses filles jumelles. Dans l'une d'elles il fut attaché. Ou pire. Avant sa déportation en train.

Alors, tantôt, en hommage, j'ai marché sur le boulevard saigonnais où il avait défilé très fier et superbe, en tête de sa compagnie indigène, aux grandes heures de l'Indochine, dans ce qui pouvait encore passer pour le vent de l'aventure, sans doute la période la plus heureuse, celle où il réapprenait à vivre au sortir des tranchées, à se décanter de l'horreur qu'il retrouverait, hélas, du côté de l'Allemagne... Salut, beau camarade !

* * *

Cette jeune femme se promène au Vietnam, sac de routard sur le dos, mange là où elle s'arrête, dort à la dure. Française, de Sartrouville. Une trentaine d'années. Sale comme un peigne. Son jean est noir. Ses cheveux sont raides de crasse. Elle mord dans un casse-croûte au pâté gris dont l'odeur est suffocante.

— Un sandwich au chien ?

— Je ne crois pas.

Elle me dit tout de suite :

— Je suis enceinte de trois mois.

Je réponds :

— Ah ? emmerdé quand même.

— J'arrive de Saigon. Et toi ?

— Moi aussi.

— Je n'ai rien fait d'autre, dit-elle. Les distances sont trop importantes, et à pied, avec la chaleur…

— Pourtant, avec le niveau de vie, les autocars…

— J'économise au maximum pour rester plus longtemps.

— Mais si c'est pour ne rien voir…

Dialogue de sourds. Sur son bras, une croûte de sang violacé, quinze centimètres, chenille purulente.

— Ça s'infecte pas ?

— Si. Je laisse sécher au soleil. C'est mieux.

À ses yeux, je voyage luxueusement. Je le lui concède. Et, par solidarité nationale, elle tente le coup : elle profiterait bien de ma voiture pour continuer son périple.

Gentiment, le guide-chauffeur la repousse, il a des consignes strictes, n'a pas d'assurances, il risque sa place. J'intercède, mollement. Il refuse, catégorique. Ma « baba-cool » obtempère, à peine fâchée, elle s'y attendait, elle a dû essayer plusieurs fois déjà. Je suis un goujat mais la discipline, pour une fois, a du bon : elle m'épargne la présence odorante de cette compatriote que je n'ai pas choisie.

— Les ordres sont les ordres ! dis-je, en remontant la vitre pour goûter à la climatisation…

Et la voiture démarre, avalée par la circulation muette.

* * *

Voyager seul peut se révéler un plaisir autant qu'une corvée. Le cap difficile : dix-huit heures. La journée finie, la soirée à peine ébauchée, votre chambre d'hôtel se transforme sous la conspiration des ombres en un aquarium vide où, en tournant en rond, vous battez des bras. Votre gentil projet prend l'eau, vous n'êtes qu'un Robinson, le lit est un radeau.

À moins de s'imbiber d'un alcool local ou d'avoir rencontré une autochtone qui rit à vos plaisanteries, et rêve des lumières de Lutèce dont vous seriez l'un des chantres, vous sombrez dans la neurasthénie. En sortant de la salle de bains, les cheveux mouillés, on peut se trouver soudain odieux, insupportable.

J'ai d'affreux souvenirs de solitude à Naples, Hôtel Capuano, cinquième étage ; Jersey, aussi, sur une route traversant la lande. Une crise de larmes à Réthymnon, dans une pension de famille qui puait la mort. Une déprime à Bombay alors que dans les coursives moites du Musée du Prince de Galles je défilais parmi des scènes incongrues de bergères et de moutons, Triomphes de Bacchus et autres Adorations des mages... Un coup de bourdon à Nazaré, Portugal, devant des claies où séchaient des sardines bleues. Le goût encore d'une amertume à Marrakech où, à la suite de je ne sais quel concours de circonstances, j'avais été entraîné. Le soir de la réception, je m'en souviens, dans un smoking loué pour la soirée, j'avais failli de désespoir me flanquer tout habillé au fond de la piscine. Comme dans les moments critiques de mon existence, je pris une cigarette, voulant masquer mon visage derrière un rideau de fumée. Celle-ci picotait mon œil et ajoutait, du moins le croyais-je, une morgue hollywoodienne à mon air ténébreux...

Malgré moi, j'étais un empereur navré dont la Rome des illusions flambait d'un coup. Ce voyage au Vietnam n'était que trou à rats. Le gruyère avait ranci. Pris au piège ! Je ne souhaitais plus qu'une chose : la pluie comme au soir du Déluge ou l'explosion, au retour, du Boeing en plein vol, un goéland ahuri aspiré par le réacteur...

* * *

Voilà ce que me proposait, goguenard, l'œil allumé, ce vieux sous-off de la Coloniale qui bredouillait du français sur le boulevard Calmette, à Saigon : un extraordinaire billet de cent piastres, quasi neuf, couleurs éclatantes, avec entre ses marges immaculées des branches fleuries de frangipaniers. Sur une face le portrait de l'empereur Bao Daï, visage confiant, costume européen, et de l'autre, allégorie de l'Indochine unie, trois jeunes filles sur fond de palmes et de Mékong, chacune incarnant son pays par un type humain et un costume traditionnel, soit le Cambodge, le Laos et le Vietnam...

Le gars en voulait dix dollars. Je descendis à huit le premier jour, à cinq le second. Il m'avait suivi à distance et, depuis lors, connaissait mon hôtel. Dès que je franchissais le seuil, il réapparaissait par enchantement, notre tractation reprenait. Renseigné sur le prix de ce genre de marchandise, j'étais décidé à le lui prendre à deux dollars maximum. Lui en voulait quatre, n'en démordait plus.

Le jour de mon départ, j'allais quitter définitivement Saigon, le vieux se tenait près de ma voiture. Qui l'avait averti ?

— *Four dollars.*

— *Two.*

— *OK ! Three,* concéda-t-il d'un air de chien battu.

J'acceptai. La voiture démarrait. Je lui donnai l'argent par la fenêtre. Il me remit une enveloppe crasseuse, me salua à la militaire et disparut. Dedans un billet de cent piastres — le n° 541814, pour être exact —, mais aux couleurs passées, ternies, comme un très ancien souvenir, un regret, esquinté.

Avais-je rêvé ?

* * *

Roulé huit heures de suite sur le damier des rizières entre les plantations d'hévéas, de caféiers, de théiers, avant de passer Bao-Loc et de grimper direct dans la montagne prodigieuse.

La guide, qui me sait amateur de pittoresque, me signale sur le ton de la confidence qu'il n'est pas rare, ici, de voir traverser des tigres. J'écarquille les yeux, le nez à la fenêtre. En vain.

L'air est si frais. Dieu, là-haut, a mis la climatisation à fond.

Une 203 Peugeot rentrant sur Dalat nous double non sans mal. À l'intérieur, deux mariés, elle en robe blanche acrylique, lui dans un atroce costume de tergal. Je les retrouverai plus tard dans l'après-midi, au pied des chutes de Prenn, aménagées en parc d'agrément, flottant sur un cygne-pédalo en métal peint, l'un et l'autre accrochés à leur bouquet d'orchidées mauves...

* * *

Dalat. Station climatique à 1 500 mètres d'altitude, au milieu des collines boisées de pins, Suisse irréelle et confiante sous les tropiques, au bout de la route n° 20. Les Français de l'époque qui croyaient à l'éternité faisaient bien les choses : ils possédaient là leur Vichy coloniale, petite mais charmante cité européenne, fraîche et claire, heureuse de son jardin botanique planté de roses et de géraniums, de ses cultures de fraises, de lacs artificiels où canoter, d'une cathédrale, d'hôtels rétro, et de plus de trois cents bâtisses dont le modèle varie entre le vaste chalet de montagne et la villa rococo années trente...

Puisque le fameux Palace est toujours et encore en rénovation, je me contenterai, modeste, du Anh Bao Hotel (« Fleur de cerisier »), situé au centre-ville, en haut d'une volée d'escaliers qui mènent au marché. Arrivé à Dalat à dix-sept heures au terme d'une route exténuante, je monte au sixième étage de l'établissement dans l'intention de m'y faire masser. Une fille maussade et sale, qui avoue vingt-sept ans, elle en accuse dix de plus, me saute sur le dos et me piétine...

Une heure après, montre en main, réduit à une bouillie heureuse, elle me demande mon numéro de chambre.

— *Me and you for three dollars ?*

— Désolé, je prends plus cher, répondis-je.

Après dîner, je ressors. En raison de la température, les Vietnamiens portent pulls et blousons. Les motocyclistes ont des moufles, les pousses des cache-nez. J'échoue telle une âme en peine dans un dancing sombre où l'on danse, appliqués, le tango et le paso doble. Quelques filles en robe-fourreau, fendue sur la cuisse, s'essaieront au twist.

Derrière la vitre, Dalat est une ville bleue où rougeoient les braseros des vendeurs de brochettes.

Je ferme les yeux.

On se croirait sur le toit du monde, camp de base oublié d'une expédition disparue sous les neiges, au détour d'un précipice de l'Histoire. Quelques sherpas acclimatés. Un rafistolage généralisé. Tenir encore. Loin des autres. Sans nouvelles ni nouveautés. Et moi, un terrible whisky de contrebande dans l'estomac, cosmonaute dans du carton-pâte, je n'ai qu'à rentrer…

* * *

« L'Européen est dispensé de passeport. Cependant, le touriste doit s'assurer que les domestiques asiatiques non indo-chinois qui l'accompagnent sont en possession d'un permis de séjour… Pour

pénétrer sur le territoire chinois, les voyageurs doi-
vent se munir d'un passeport ainsi qu'un permis
d'importation d'armes s'ils ont avec eux des armes
de chasse ou des revolvers… »

Plus loin :

« *Comme dans tous les pays tropicaux, il faut se*
méfier du soleil. Le casque en liège ou en moelle de
sureau est indispensable pour se garantir des
insolations ; il doit être porté même quand le temps
est couvert… »

(Extraits de la brochure publiée par le Comité
du tourisme colonial, guide-album destiné à
l'usage du touriste.)

* * *

Dalat, résidence de l'empereur Bao Dai.
Cette grande villa-paquebot se situe sur une
hauteur de la forêt d'Amour, à deux kilomètres
du centre-ville. Elle servait autrefois de villégia-
ture et de pavillon de chasse au dernier repré-
sentant de la dynastie Nguyên — né en 1913, il
n'accéda au trône qu'en 1932, choisit Dalat
pour capitale, émigra en France en 1954.

Construit sur les plans d'un architecte
français en 1933, le « Palace III », devenu
musée intime, a un charme indéniable. Mobi-

lier cossu, confortable : salons garnis de fauteuils genre Ruhlmann, piano à queue, tables aux moulures arrondies, tigre empaillé sur un tapis ivoire, potiches compliquées, bibliothèques aux volumes reliés cuir, appliques stylisées, marqueteries, somptueux parquets où la lumière se mire. L'empereur disposait d'une terrasse pour admirer la lune, d'un solarium, de jardins à la française et, dans un coin, sarcophage moderniste, d'un appareil à infrarouge, digne du professeur Tournesol, pour gommer douleurs et rhumatismes.

À l'étage, les chambres du prince et des princesses — photos noir et blanc d'officiers galonnés, trophées animaliers —, de l'empereur et de son épouse (chambre jaune avec coffre à bijoux scellé dans le mur).

On me fait patienter à l'entrée, sous le porche. Hôtes de marque, le directeur général de Heineken, en compagnie de son épouse, ont passé la nuit dans la chambre de la reine. La salle de bains est encore en désordre. Des domestiques s'empressent. J'entre pieds nus comme dans un temple, subjugué par le calme, cette clarté tendre qui emplit les volumes, caresse les formes en les soulignant, découpe en tièdes diagonales chambres feutrées, salons spacieux, couloirs discrets et rapides.

Ah ! Vivre ici !

Devenir le Modiano des tropiques ! Jouer au golf le matin, rouler en 203 Peugeot, à vitesse ralentie, faire de la barque plate sur le lac, chasser le tigre des montagnes, siroter de l'alcool de fraise... Et puis écrire le soir, au soleil couchant, des romans nostalgiques, sirupeux et kitsch, sur ces terrasses devant lesquelles courent les forêts de pins, se découpent les cimes, rugissent des cascades glacées. Un livre tous les cinq ans. Succès énorme. Mon éditeur à plat ventre, chéquier en main, on compte en millions. Triomphante, mon arrivée à Roissy, en bimoteur !

— Oui, Dalat, ma station, mon altitude. Que dis-je, mon inspiration, mon oxygène...

* * *

Lors de son deuxième séjour en Indochine, début 1951, René, le frère aîné de mon père, alors âgé de vingt-sept ans, portant le grade de sergent-chef au 2e BEP (engagé en août 1943 dans les FFL de De Gaulle en trichant sur son âge, il avait rejoint la Brigade d'AEF en 1944), puis signé un engagement dans la Légion étrangère sous le pseudonyme de Coalan, René, donc, et l'un de ses camarades étaient restés plusieurs jours à Buon Me Thuot, à proximité de la résidence de l'empereur Bao Dai, en attendant un ordre de mission pour le Laos qui n'arrivait pas.

Comme ils s'ennuyaient à mourir, ils avaient pris l'habitude de crapahuter dans les montagnes avoisinantes — par temps clair, on voyait jusqu'au Cambodge.

Lors de l'une de leurs promenades, destinées à brûler ce trop-plein d'énergie qui les consumait sur place, ils tombèrent nez à nez sur des jeunes filles qui, demi-nues, se baignaient dans de petites cascades... Les deux hommes approchèrent à pas de loup, tapis dans les buissons odorants, rigolards, un peu gênés. Surgirent alors des guerriers armés d'arcs et de lances qui les débusquèrent et les obligèrent à rebrousser chemin. Les jeunes femmes étaient des princesses indigènes, nul œil impur ne devait les effleurer. De gros éléphants tristes attachés sous les arbres les emporteraient bientôt jusqu'à leur palais de bambou frais, englouti sous la chlorophylle et la buée... Penauds, nos soldats rentrèrent.

Cette scène du Moyen Âge m'a fait souvent rêver. C'était en 1951. Le monde paraît neuf, intact. J'y sens comme une démesure. Et à repasser la scène dans ma tête, bobine fatiguée, j'entends presque le gargouillis de l'eau glacée sur les pierres plates, les cris amusés et pointus des princesses, les exhortations des guerriers sombres, le souffle puissant et tiède des éléphants domestiques, tout ce remuement calme d'un univers éternel et confiant...

* * *

1882. Le monopole de l'opium en Indochine fut confié à une régie d'État. Elle importait la denrée brute de Chine ou de l'Inde anglaise, la transformait en produit consommable, le *chandoo*. L'opium était ensuite mis en vente chez des détaillants, sous la forme de boîtes rondes, métalliques, contenant de 5 à 100 grammes.

On achetait son opium aussi couramment que de nos jours ses cigarettes ou ses cachous. Même s'il était interdit d'achat aux moins de vingt ans, aux femmes et aux Européens, ces derniers ne s'en privaient pas. La plupart, à la colonie, en consommaient. Clara Malraux, dans une interview au *Figaro*, début 1992, ne cachait pas qu'elle avait toujours tiré sur le bambou.

1912. On décida d'une campagne officielle contre les fléaux de l'opiomanie. L'opium ne sévissait que trop dans les rangs des troupes coloniales, on craignait le pire en cas de troubles. Certes, il était juste que nous préservions les représentants de notre Empire des néfastes habitudes qu'il avait suscitées. La Seita d'aujourd'hui nous le rappelle : « Fumer nuit gravement à la santé. »

* * *

Ma fille Camille a eu trois mois il y a une semaine, je suis dans un minibus japonais en route pour Mytho, Sud-Vietnam, delta du Mékong, la température doit avoisiner vingt-neuf degrés, je prends des notes dans mon carnet de poche et des photos au Minolta (déjà deux bobines), j'aurai trente-trois ans dans quinze jours, en France je n'ai pas d'emploi stable mais des économies, je croise des buffles, des essaims de types à vélo, d'autres en file indienne sur le bord caillouteux de la route, coiffés d'éteignoir, la palanche en balancier sur l'épaule, je suis en Cochinchine et, derrière la vitre salie de boue, je réalise que la route défoncée qui slalome entre les rizières et les hameaux est une pelote de fil qui se dévide, que c'est ma vie à moi qui s'écoule, s'évanouit au tempo des kilomètres et des secondes...

* * *

Cantho, 170 kilomètres de Saigon. Je monte de deux crans l'imposante climatisation soviétique qui souffle telle une damnée un air glacé, humide. À côté du lit célibataire, le frigo japonais National ronronne, vide, une odeur persistante d'éther dans les entrailles. Saumure et graillon en nappes sur le palier.

Ville invisible depuis la chambre 310. Ma fenêtre ouvre sur un mur de brique où suintent des tuyauteries. Derrière la porte, du fond du couloir décoré de mosaïques, la lumière arrive épuisée. Et pourtant, au-delà des murs aveugles, je la sens là, la ville jaune, étale mais enceinte d'une rumeur jamais éteinte, prête à resurgir au moindre signe, au moindre accroc, incendie bientôt gigantesque repris par les lueurs et les lampions, rallumé au tison de quelque pétarade de motocyclette, le cri rauque d'un vendeur de beignets au sucre, le glissement d'une jonque dans le Delta, l'aboiement grêle du chien promis au couteau, dès l'aube en pièces à l'étal de boucherie...

***

Sur la route. Chez les Caodaïstes, dernière religion apparue sur Terre, soit dans les années vingt sous l'impulsion illuminée d'un fonctionnaire de Cholon, on vénère aussi bien Victor Hugo, Winston Churchill, Camille Flammarion, Louis Pasteur, Jeanne d'Arc que le camarade Lénine. Selon leur évangile, Bouddha, Confucius, Jésus-Christ et Mahomet ne furent que les manifestations successives et prophétiques d'une même entité, divinité unique, omnipotente, symbolisée par une sphère de papier frappée d'un œil fixe, genre Big Brother, et dont une étincelle du feu sacré a surgi chez les plus méritants de nos grands hommes.

Environ deux millions de fidèles, au dernier recensement. Pour Saint-Siège, le temple-pagode-cathédrale de Tay Ninh — entre Saigon et la frontière du Cambodge —, fantaisie orientale à la Walt Disney sous acides, sultanat du kitsch où l'abracadabrante chinoiserie rivalise avec des dégoulinements néogothiques.

À noter : les piliers rose saumon autour desquels s'enroulent des dragons souriants ; les chaires ajourées en ciment, hautes comme des vigies de navire pirate ; les vitraux où le triangle côtoie le nuage, qui côtoie le cercle et le parallélogramme ; enfin la fresque naïve où Victor Hugo en uniforme d'académicien, Confucius et Lao-tseu (?), juchés sur un tapis de cumulus, rédigent à la plume les tables de Lois (« Dieu et Humanité », « Amour et Justice »)…

— Êtes-vous caodaïste ? demandai-je à la guide, devant son recueillement dès notre entrée sous le porche, protégés de papes et de guerriers en stuc. Saviez-vous que l'écrivain Graham Greene a évoqué ce temple dans son roman *Un Américain bien tranquille* ?

— Non, me répondit-elle. Je suis catholique et bouddhiste. Et j'observe, bien sûr, le culte des ancêtres, très important chez nous.

Sagesse orientale qui n'est que prévoyance !

* * *

Bernard est concessionnaire d'une marque française d'automobiles. En poste depuis plusieurs années à Saigon, il précise comme s'il voulait s'excuser : activité nulle, à peine quelques modèles pour des diplomates européens, et encore, sinon le vide commercial, ils n'ont pas d'argent, je ne vois pas un Viêt, je reste planté derrière mon bureau huit heures par jour, à suer sous le ventilateur, ça en devient surréaliste, le genre *Désert des Tartares,* vous voyez le topo, absurde quoi, bientôt on me coupera le téléphone...

Saigon en semaine, le week-end au Cap pour la mer, le soleil, le poisson. Bernard, cinquante ans au bas mot, a la panoplie du vieux colonial : l'estomac en gibecière, le teint cuivre, la Gauloise au bec, rongé à l'intérieur et cuit en surface sous les harnais conjugués de l'ennui et de la bouteille. Il a aussi, minimum obligé, une villa dans le quartier résidentiel, une maîtresse indigène et soumise, des économies en dollars, pas mal de compromissions. Pour l'heure, il balade sa fille aînée, venue de Paris pour les vacances, le long de la côte. Ils étaient à Danang, hier, le bled intégral.

— J'ai fait cinq cents kilomètres à quarante à l'heure. Je bousille mes embrayages. Crève trois fois par jour, c'est d'un commun…

Au début de son séjour, tenté par l'aventure, Bernard fila en douce voir les tribus dites « minoritaires ».

— Sur les hauts plateaux, ce sont tous des anciens soldats de l'Armée française, ils détestent les cocos… Il faut un tas d'autorisations officielles, je m'en foutais, j'ai pris ma voiture et suis monté là-haut, ils étaient ravis de me voir, de parler français…

La police l'a ramené au bout de deux jours d'escapade.

— Des ennuis pas possibles ! C'est remonté à l'ambassade. Leur système est pourri : ça ne fonctionne pas. Il faudrait injecter tellement de fric et leur ouvrir les yeux, les envoyer à l'étranger. Ils attendent la levée de l'embargo américain comme l'arrivée du Messie, un comble, non, après toutes ces guerres ?

— Et les prisonniers américains détenus dans la jungle ?

— Pas d'information à ce sujet. Franchement, je n'y crois pas. Trop médiatique, voyez, trop « cinéma »… Je vous offre votre bière, tenez, si vous me racontez ce que vous cherchez ici… Seriez pas journaliste, par hasard ?

— Pourquoi ?

— Vous observe depuis hier. Toujours à prendre des notes dans votre carnet. Allez, soyez pas chien, quel journal ?

— Aucun, je vous assure.

— N'en crois rien. Ça grouille de types dans le coin, et de plus en plus. Des malins dans votre genre. Ou alors, vous travaillez pour une compagnie pétrolière ? Une banque ? Un institut de recherche ?

— Rien du tout.

— Alors, quoi ?

— Je voyage sur des souvenirs qui ne m'appartiennent pas. Je parcours le Vietnam du sud au nord. En fait, je ne sais pas bien ce que je fais ici. Comme si j'essayais d'enfiler les chaussures d'un autre, voyez…

— Non… Mais, en France, vous travaillez dans quoi ?

— Suis sans emploi réel. Un reliquat de droits. Un peu comme vous, peut-être…

— Faut dire merci aux Assedic, alors, pour ce bon temps en Asie !

* * *

Vinh Long, Cuu Long Hotel (« Neuf dragons »). Chambre spartiate. Salle d'eau précaire — l'eau du lavabo s'écoule sur le carrelage, façon sommaire et surprenante de se laver les pieds en même temps que les mains. Thé, fruits, et cigarettes (avec briquet fripon) en guise de cadeaux de bienvenue.

Des filles grattent aussi à la porte. Tous les prétextes sont valables pour essayer d'entrer et d'occuper d'office mon lit.

Pour une fois, j'ai une vue superbe : ma terrasse donne sur le Mékong. La jungle verte ceint l'horizon en un bel arc de cercle. Des embarcations sombres, poussées par un moteur au bruit rond, glissent au fil de l'eau, funambules sur les reflets.

Après une balade le long du fleuve, j'ai fait du vélo, un petit Viêt en croupe, sur le porte-bagages. Il passait, je l'ai emmené, nous allions dans la même direction.

— *One, two, three*, répète-t-il dans mon dos.

— Un, deux, trois… Un, deux, trois.

— Phap ? Monsieur Phap ?

— Oui, mon pote, français.

— *Vietnam and France very OK !*

On s'arrête devant les grilles d'un semblant musée de la guerre. Sous les arbres poisseux de lumière, de pauvres Mig sont alignés, ainsi qu'un hélicoptère aux couleurs nord-vietnamiennes, sa cabine de pilotage forcée, emplie de gravats.

Dès qu'il me voit, le préposé ferme ses portes et file au bar le plus proche — un café-vidéo où, sur des airs de rock and roll, on sert du Coca glacé.

Je l'imite. Bois lentement en observant les carlingues trouées de balles. Une herbe tenace, drue, envahit par plaques les aires du parking. Dans cinq ans, la forêt vierge aura tout recouvert...

À l'hôtel, des lézards couleur chair, aux yeux comme des lentilles, couinent, féroces, dans les angles de la chambre. Rien ne les chasse, c'est moi qui suis chez eux.

Rampe sous ma moustiquaire. Le couloir résonne. Il fait bon. Et le ressac du grand fleuve sur les pilotis de l'hôtel me laisse imaginer que, ce soir, je dors dans la volute d'un coquillage.

* * *

M. Giao sait recevoir ses hôtes. Il habite un îlot perdu dans les méandres du Delta et, en artiste, cultive des fruits, élève des bonsaïs, des poissons rares dans des vasques.

Il m'offre du thé, du tabac à rouler, une noix de coco pour la soif. Il y a des chats et des chiots roses derrière les jarres, des lézards fixés au plafond, un ventilateur mural qui ne marche plus. Une douzaine d'enfants caracolent autour de lui dans sa belle maison tapissée de diplômes ronflants, de décorations militaires, de photos de la Canebière.

Son horloge de salon est française, elle sonne chaque demi-heure depuis près d'un siècle même si, depuis toujours, le temps s'est arrêté dans le delta du Mékong.

— D'où venez-vous ?

— Je voyage. De France.

— De la famille à vous, ici, autrefois ?

— Oui. Mais pas forcément pour de bonnes raisons.

— Buvez donc, il fait si chaud.

Sans appareil photo ni lunettes de soleil, ayant renoncé à emporter un sac et à mettre autre chose qu'un pantalon et une chemisette, ai-je fait un semblant d'illusion ?

M. Giao sourit, renversé dans son fauteuil de rotin.

— Quelles sont les nouvelles de la France ?

— Je n'en ai pas.

— Vous ne lisez pas les journaux ?

— J'évite.

— Que lisez-vous alors ?

— Des vieilleries. Uniquement des vieilleries.

— Et vous le faites exprès ?

— Oui.

— Nous vivons tous dans le passé, n'est-ce pas ? C'est un merveilleux refuge pour les âmes meurtries.

Je goûte un alcool de fruits rouges, servi dans un verre à liqueur minuscule. Une jeune femme me propose un éventail.

Silences. Apaisement.

Il ne m'en faudrait pas beaucoup plus pour que je renvoie à Vinh Long le sampan qui m'a amené. Torse nu, noir de soleil, nourri sobrement de riz au piment et de bananes naines…

* * *

Soc Trang, soixante kilomètres de Cantho. Temple khmer autour duquel sont pendues dans les arbres des chauves-souris, gros fruits velus et nauséabonds. La voiture ne les dérange pas. Seules les plus proches détournent le museau, secouant leurs ailes caoutchouteuses.

Un bonze nous fait entrer, déroule une natte, sert le thé. Ceint d'une étoffe plus foncée, un second, plus âgé, le rejoint, nous salue et s'assoit en tailleur.

Visages en goutte d'huile, impassibles. Gestes étonnants de lenteur économe. Le temps s'installe. Dans la pénombre où brûle l'encens, je mouille ma chemise.

Je ne sais que dire. Aon me répète qu'ils attendent mes questions ; c'est moi qui, de si loin, suis venu les voir. Preuve supplémentaire, à leurs yeux, de détenir la sagesse. Ils me fixent, sans ciller, ouverts, d'un regard amical mais détaché. Et patientent. Je m'embourbe…

Sur le chemin du retour, m'adressant à la guide, je lui demande s'il ne serait pas possible d'écouter un peu de musique.

— Vietnamienne ?

— Oui, pourquoi pas ?

— Pas de cassettes… Mais je peux chanter.

— Allez-y !

Me prenant au mot, elle branche le microphone de la radio en panne et, d'une voix frêle, émue, qui vite s'affermit, me chante l'histoire de deux amants séparés par la guerre et les bombardements.

— Encore ? demande Aon.

— S'il vous plaît.

Syllabes douces, tristes et chuintantes du *ly*, chanson d'amour traditionnelle composée de trois séquences, la dernière étant — évidemment — celle des adieux, voire des amours impossibles.

J'ai mon visage contre la vitre. Paysage opaque semé de longs aréquiers effacés, avalés par la nuit. La route fiévreuse n'est plus qu'un ruban jaune.

* * *

— À quoi reconnaît-on un Russe ?

— À sa femme.

C'est le genre de blagues qui courent à Vung-Tau, ex-cap Saint-Jacques. On trouve en effet de beaux spécimens de la femelle de l'*Homo sovieticus,* rougies de soleil, boudinées dans des machins trop courts, grasses à en être malades. Toujours en groupe, quatre ou cinq, genre charge des éléphants, mesdames les épouses vont en horde, larges et hautes comme des bahuts. Ne parlent que le russe, n'achètent qu'en roubles, elles en ont l'autorisation... quand elles daignent payer.

Après deux bières, la barmaid de l'Hôtel Rex, où je suis descendu pour deux nuits, me raconte :

— Leurs maris viennent chez nous, boivent jusqu'à plus soif, cognent sur les serveurs si on leur apporte la note...

— Que faites-vous, alors ?

— Rien. On les sert. On les évite. Comme ils sont censés travailler pour nous, extraction du pétrole, le gouvernement ferme les yeux, vous savez... Et puis nous sommes nous-mêmes fonctionnaires. On va pas se bagarrer pour l'argent dont on ne voit pas la couleur et qui, en plus, ne vaut rien.

* * *

Poussé par un courant contraire, je me suis éraflé trois doigts de pied sur un rocher du cap Saint-Jacques. Quelques millilitres de mon sang dilué en mer de Chine.

Sur le sable, près de ma serviette, un garçon m'offre une petite langouste en espérant que je lui achèterai au prix fort les grosses de son seau.

Le motocycliste qui m'a amené ici me guette sous les arbres.

Quatre Russes de la Vietsovpétro barbotent dans l'écume des vagues. Ils boivent de la bière Hanoi et se détournent si je leur souris.

* * *

La boyesse en chef est sans conteste la reine de l'étage. Si vous occupez une chambre sur son territoire, vous lui appartenez, corps et biens, jusqu'au terme de votre séjour.

La mienne porte une sorte de veste matelassée de kimono sur un pantalon ample.

Des cheveux en chignon. Énergique et calme à la fois.

Depuis le pupitre sur le palier, elle gère son monde. Votre nom est inscrit sur une fiche, dates d'arrivée et de départ, choix de la pension. Elle se chargera de la laverie, du service de chambre, de la thermos de thé — deux litres par jour, des fruits frais et, si vous le demandez, du réveil matinal. Moyennant quelques milliers de dôngs, elle saura se montrer une douce alliée. La mienne, par exemple, lave mon linge au noir — il n'a jamais été aussi blanc !

* * *

Christian bosse dans les pétroles. Dans le hall de l'hôtel, au premier coup d'œil, je l'ai soupçonné d'être européen. Son pantalon à pinces, de bonne coupe, son polo, ses mocassins de cuir souple tranchaient trop avec les défroques des Soviétiques. Il réside pour six mois à l'Hôtel Rex, seul Français, en dehors d'un agent Air France, à vivre au cap Saint-Jacques, à quelques heures de route de Saigon.

Au large, deux cargos transformés en laboratoires, qui sondent au sonar le fond des mers pour déceler des nappes éventuelles. A priori, il n'y en a pas. L'unique gisement existant, d'ailleurs de médiocre qualité, est exploité par les Popovs de la Vietsovpétro (ils sont deux mille avec femmes et enfants, école et hôpital, dans une cité entourée de murs et de barbelés, qui sert autant visiblement à les protéger qu'à les empêcher de sortir), et les sites déjà répertoriés sont d'avance réservés aux Américains, dès la levée de l'embargo prévue pour 1993.

Le client de Christian est coréen, une boîte énorme de Séoul, un type dur, une vraie bête. Ce qu'il redoute le plus avec lui, ce sont leurs rendez-vous mensuels. Le commanditaire débarque alors à Saigon en compagnie d'une armée de collègues en costume gris. Après le travail, la soirée s'éternise. Ils lampent des toasts en leur honneur réciproque autour d'un buffet géant. Obligatoirement, il y a des filles, des *dancing girls,* dessus ou dessous les tables. Christian paie si son client les baise.

Bien qu'après un séjour dans l'île de Hainan, en Chine, le cap Saint-Jacques lui paraisse un petit Deauville, Christian s'ennuie. Il tourne en rond, de sa chambre d'hôtel à la salle des télex, en poussant parfois jusqu'à la plage. Les week-ends, il file à Saigon se dérouiller.

— Samedi soir, vous y serez ?

— Pourquoi donc ?

— Il y aura une fiesta dingue dans un bar australien, pas loin du Saigon Floating Hotel, vous savez ce bateau transformé en hôtel et ancré sur la rivière. Le cinq étoiles du Vietnam ! Je vous invite, on se retrouvera vers vingt heures. Vous présenterai de bons copains de la Pétrocanada.

L'air évasif, je dis oui. Je sais pertinemment que samedi, comme convenu, je préférerai prendre mon avion pour Danang, région d'Annam.

Christian conclut :

— Si vous voulez une fille, dites-le-moi, je les connais toutes. Elle traînent au dancing, là-haut, mais faut pas se tromper. La règle est simple : plus elles parlent bien l'anglais et plus elles sont expertes. Elles apprennent le vocabulaire avec leurs clients.

— Le contraire est vrai ?

— Oui. Et puis les plus « récentes » tremblent... Ça donne mauvaise conscience.

* * *

Bord de route écrasé de chaleur.

Des buffles mats et craintifs encombrent la voie, des gamins morveux sont montés dessus, petits gauchos de la misère.

Plantations d'hévéas jusqu'à l'horizon en une forêt docile et laborieuse — c'est autant de moins pour ces sempiternels cimetières militaires qui criblent le paysage.

Les ouvriers-saigneurs observent une pause autour d'une théière et d'un paquet entamé de Marlboro, le racloir pendu sur la cuisse. Chacun est responsable de plusieurs carrés d'arbres, entretien et production. Une part de surplus, si surplus il y a, leur revient. La sève blanche pleure un chagrin de caout-chouc dans des gobelets noirs.

À quelques mètres, un enfant tire de l'eau du puits. Un casque lourd de GI's remplace le seau.

Nous continuons d'avancer sur la Route Mandarine où, jadis, du temps de la colonisa-tion, se dressait tous les vingt kilomètres un gîte-étape pour les voyageurs, sommaire paillote protégée de pieux aiguisés. Francis de Croisset en parle, me semble-t-il, dans *La Côte de Jade*, récit inachevé, et Dorgelès précisait qu'il n'était pas rare de voir sauter des tigres par-dessus les barrières pour bouffer le chien domestique accompagnant ses maîtres… Exigeant le prix du sang, la jungle avait encore des droits.

* * *

Saigon-Danang. Vol sur Hàng Không Viet-nam, à bord d'un Tupolev 134. La climatisa-

tion souffle des tombereaux de vapeur glacée
— on se croirait dans une séquence d'*Alien*.
Assis, seules nos têtes surnagent. Je ne vois
plus ni mes mains ni ma voisine. Enfin la
vapeur se condense au plafond, goutte et givre.
Viandes au freezer.

* * *

Je n'ai pas oublié Camille, mon beau lieutenant, mon vieux grand-père en guêtres, le
casque colonial de travers sur le crâne… Mais
il a glissé de mes bagages cadenassés, fleur
séchée tombant d'un livre ancien, silhouette
s'évanouissant entre deux stations aux souvenirs, me laissant sans traces, sans repères, dès
lors que je quittai la Cochinchine pour
l'Annam, le Sud pour le Centre…

Les lignes sur son carnet militaire, d'une
écriture déliée et fine, gracieuse comme une
anglaise, sont maintenant sans pouvoir, trop
fragiles talismans : « *Parti en détachement de
Saigon le 26-1-1929 à 4 h 45 par voie de terre
pour prendre part aux tirs de combat de… Rentré
des tirs de combat de T… par voie de terre, arrivée
à Saigon le 5-2-29 à 8 h 30… Parti en détachement le 19-11-29 à 5 heures par voie fluviale pour*

participer aux tirs de combat, arrivé au cap Saint-
Jacques le dimanche à 10 heures en station, etc. »

Le paysage ne suit pas, je n'ai plus d'images, rien ne s'enclenche, ce serait donc à moi de vivre, pauvres silex de la mémoire qu'il me faut frotter en vain, creuser à mon tour un trou dans la réalité…

* * *

En bord de route. Il pleut des trombes. La voiture est à l'arrêt sous un flamboyant qui a triste mine et joue au saule pleureur.

Accroupis dans une échoppe — deux bocaux, trois bouteilles, un banc noir —, nous offrons des cigarettes au petit gardien de buffles et à son frère, travailleur de rizières.

Cinq à se serrer sur le banc. Il y a des trous dans la toiture et, poussée par le vent, la pluie trempe la moitié de la pièce. Ça n'affole personne.

Dans un petit godet, le thé est, une fois encore, offert. Ici, on ne consomme pas, on boit ensemble pour se désaltérer de sa soif humaine.

* * *

Moment de déprime. Me sens tout empêtré de moi-même, incapable de voyager correctement, de voir ce qu'il faut avoir vu, d'apprécier l'appréciable, de goûter ce qu'il faut, de rugir au grandiose. Devenu étanche au monde extérieur, scaphandrier trop lesté, sans plus beaucoup d'oxygène, avalé par de noires profondeurs, cherchant sans fin sous ses chaussons de plomb le sable qui se dérobe…

* * *

Pour l'Annam, région du Centre-Vietnam, mon chauffeur s'appelle Ti, et Dao est ma guide. Elle porte ses cheveux de jais en une natte qui lui descend jusqu'aux genoux. Une chemise blanche immaculée laisse deviner en transparence le soutien-gorge tendu sur la fraîcheur de la peau. Un pantalon bleu en toile, des sandales. Un visage d'ange, des grâces de faon.

Dao babille comme une enfant, avalant les « r », les voyelles sonnent sur son palais, pépites de couleur.

— Les Français ? Les *Phap ? Number one !* me crie encore un marchand de sodas.

Dao sourit. Elle est passée avec maestria du russe au français, en moins de deux ans, faute de clients et de débouchés.

— Les Russes ne viennent plus qu'à Hanoi, en Tupolev de l'Aéroflot. Quelques achats et ils repartent. Notre pays ne les intéresse pas. Nous sommes trop chers pour eux, maintenant.

À l'entrée du Musée Cham, ouvert jadis par l'École française d'Extrême-Orient pour exposer au public les découvertes de Henri Parmentier, soit plus de trois cents objets en terre cuite, elle me traduit ce qu'un vieux monsieur me bredouille, en me tenant la manche.

— Ce monsieur s'occupe d'un « Fonds de Solidarité des Intellectuels », il collecte des sous pour aider les plus nécessiteux d'entre eux.

— Sérieux ?

— Très. Mais il n'accepte que les dollars.

Je lui en laisse un, plié en deux, discrètement. Aperçu, mon geste charitable déchaîne l'avidité de deux garçons. Ils m'emboîtent le pas, décidés, et ne me lâcheront qu'à la voiture — un stylo-bille chacun les dispersera.

Nous rentrons à l'Hôtel d'Orient (« Phuong Dong ») jadis glorieux, peut-être, il y a vingt ans au moins. Maintenant on trouve des cafards gros comme le pouce et, surtout, des chauves-souris accrochées, la tête en bas, dans la penderie, entre deux cintres. Mais comme la chauve-souris porte bonheur en Asie, personne ne veut y toucher. Mal dormi, du coup. Peur d'avoir une bestiole collée dans les cheveux.

Demain, j'irai à la plage, c'est décidé, une grande et bonne journée de mer et de soleil. J'en préviens Dao qui me sourit, opine du chef, vexée à mort.

— Et la Montagne de marbre ? Le programme ?

— Désolé, non, je n'aurai pas besoin de vous, par contre si vous voulez vous baigner, je...

Rougissante, Dao scrute la route. Elle cherche un moyen de me rattraper, de ne pas sortir du planning.

— La voiture pourra vous emmener à la plage et vous ramener le soir. Pour déjeuner, je peux téléphoner à l'hôtel le plus proche, le China Beach, il se trouve sur la plage. Nous

vous attendrons si vous voulez en fin de journée…

— Alors, d'accord.

La voiture pile net. La voie vient d'être cou-
pée par des cordes entre lesquelles, rieurs et
goguenards, traversent les enfants d'une école.
Puis les cordes sont retirées et la circulation
reprend, effaçant de son cours cet accroc de
quelques secondes. Je confie à Dao :

— J'ai l'impression parfois d'être aussi un
écolier qui parcourt votre pays entre deux cordes.

— Nous sommes un pays si jeune, répond
Dao, fragile comme une terre cuite du Musée
Cham.

* * *

Je m'astreins à une discipline de fer — le
répétitif de mes habitudes, et leurs recoupe-
ments, tressant les mailles serrées de mon filet.
Quel que soit mon état de fatigue, l'heure où je
me couche, ou même le périple prévu pour le
lendemain : une demi-heure chaque soir à mettre au propre les notes de la journée, et une
demi-heure de lecture, crayon à papier en main
— Forbin, Poncins, brochure, et tout ce que je

trouve en français ou en anglais basique. Ensuite je me lave les dents à l'eau tiède distillée, prends un comprimé de Paludrine, referme sur moi les pans de ma moustiquaire, rêveur sous son baroque et paisible château de gaze.

* * *

China Beach Hotel, treize kilomètres de Danang, par une route droite qui file entre les eucalyptus replantés après guerre, les pins et les dunes herbues. La plage de sable est immense, déserte, ponctuée, de-ci de-là, de rondes barques en osier goudronné.

Température ahurissante, au moins cinquante degrés à l'ombre. Les rouleaux où je plonge sans réfléchir ne me rafraîchissent même pas — sorti de l'eau, le maillot sèche sur soi.

Ciel bleu intense, pure paroi où se grave le soleil. Très haut, vers l'ouest, des nuages forment une escadre de vaisseaux furieux, suspendus faute de carburant, le vent.

L'hôtel paraît abandonné, lunaire, base spatiale décimée par un virus microbien. Personnel peureux, fantôme. Installations sommaires tournant à vide. Parking muet. Réception fermée. On est loin de la base de loisirs installée jadis pour les GI's revenus des combats. Le bar n'a racolé que trois Viêts venus à mobylette et un Russe d'au moins deux mètres à voix de basse, qui écluse son litre de bière Hanoi, un cadeau recouvert de papier rouge brillant sous l'aisselle.

Je reste sur la plage, vingt bornes de sable blanc, moitié paradis, moitié enfer, à l'abri d'un solide parasol. Une vieille femme, surgie de nulle part, viendra me vendre des bananes vertes et des cacahuètes au sucre caramélisé.

— Combien ?

Elle répond avec ses doigts, souriant de toutes ses dents laquées de noir. Je lui achète ce qu'elle propose au prix fort et cherche un prétexte pour la retenir encore auprès de moi. Me sens si naufragé, pauvre Robinson condamné à la beauté. Cette beauté indifférente, presque odieuse, du monde lorsqu'il paraît intact. Il y a moins de trente ans, pourtant, les premières unités de Marines débarquaient ici, sous les caméras de la presse américaine, se jetant tête baissée dans le terrible engrenage que l'on sait…

* * *

Train Saigon-Hanoi. Au passage à niveau, les gens crient bonjour. Je fais la vache derrière ma barrière et dodeline de la tête, posément, avec une suffisance de terrien pour ces gens du voyage.

— Ils sont fous, me dis-je, de bouger par cette chaleur…

Le jeune marin en uniforme complet qui pêche dans l'arroyo puant a l'air du même avis que moi. Les fadas !

Des passagers endormis laissent pendre aux fenêtres leurs pieds jaunes et cornés. La locomotive râle sa fumée cotonneuse dans les stipes des cocotiers virils. Et puis disparaît en soufflant vers la montagne.

* * *

En descendant le Col des Nuages (496 m), entre Hué et Danang, le saisissant miracle de la presqu'île de Lang Co — au point que, malgré nous, un « Ah ! » d'admiration nous échappe.

Langue de sable blanc hérissée de cocotiers et du clocher d'une église, entre une lagune bleu foncé ponctuée de pirogues et l'ourlet mousseux de l'océan, dans un décor de montagnes vertes, moutonneuses, à la verticale du ciel après le filtre léger d'une couronne de cumulus.

Dao, la guide, précise qu'il y a des projets d'hôtels internationaux sur la presqu'île, des « joint-ventures ».

Le contraire eût été étonnant. Bientôt des planches à voile, des scooters des mers, des farandoles, des concours « Miss Seins nus » et des tournois de ball-trap… Il faut bien que la chair touristique exulte.

* * *

Hué. Prélevé non sans mille précautions dans les ruines de la Cité Pourpre Interdite un gros fragment de terre cuite, recouvert d'un enduit bleu-gris, quart de cercle frappé d'arabesques et tombé de quelque bas-relief, mélangé dans un coin de cour à un tas pyramidal de gravats.

Il complétera à Paris mon insolite collection : sable albinos de Praslin dans une fiasque de whisky ; granit taillé en losange du manoir de Saint-Pol Roux ; cendrier portatif pour files d'attente dans les magasins de l'Est ; calendrier perpétuel des îles Comores ; coupon de la toile jaune qu'utilisa Christo pour envelopper le Pont-Neuf ; cent grammes colorés du Mur de Berlin.

Mes remords n'ont guère tenu longtemps. Lors de notre visite de la salle du trône, le guide, pour nous montrer l'épaisseur des laques rouge et or utilisées sur les quatre-vingts colonnes et souligner la décrépitude du lieu, s'approche d'une des colonnes en réno-vation et arrache de l'ongle dix centimètres carrés de laque où finissait, d'ailleurs, la queue d'un dragon.

Stupeur !

Lui, mine de rien, conserve le morceau et, en cours de visite, le fourre dans sa poche.

Dans la voiture, au retour, j'essaierai en vain de l'obtenir. Le guide fait celui qui n'entend pas.

* * *

Le chauffeur a fini par comprendre : s'il arrête son véhicule, un minibus Tata, marque fabriquée sous licence indienne, devant un magasin pimpant ou une échoppe, après m'en avoir vanté sa cuisine ou ses boissons glacées, je ne descends pas, feins même de dormir ou me plonge résolument dans mes carnets. Ou alors, exprès, m'attable dans le café-vidéo d'en face. Tant pis pour ses pots-de-vin !

— Vous monsieur malin !

— Tant qu'à faire ! Mais je te paye à boire quand même, viens.

On nous apporte deux noix de coco. Coup adroit de machette au sommet du fruit vert. L'eau tiède et poisseuse dégouline par le col de polo. Plein bonheur.

* * *

Hué. Passé ma soirée dans le hall du Huong Giang Hotel, bâtiment stalinien, devant le poste de télé, en compagnie de cinq employés vietnamiens attentifs aux péripéties magnétoscopées d'*Angélique*.

Le doublage était curieux : une unique voix pour tous les personnages, homme ou femme sans distinction, en surimpression et en léger décalage de la bande-son originale. Cacophonie garantie dès que des bruits annexes (porte qui s'ouvre, cavalcade, combats, etc.) interfèrent.

Mes compagnons passent d'évidence un excellent moment. Ici aussi, Robert Hossein fait frémir les dames. Les messieurs préfèrent les duels et les traîtres. Les Français gardent leur panache.

Ce matin, un sampan à moteur m'a emmené sur la Rivière des Parfums voir la pagode de Thin Mu. Une volumineuse cloche en bronze sonne cent huit fois par jour pour rappeler les illusions de nos vies.

Dans le monastère adjacent, on trouve une voiture américaine, élevée au rang de relique. Avec l'essence de son réservoir un premier bonze s'immola en 1963. Une photographie en couleurs illustre didactiquement le propos.

Hué m'ennuie. Je n'y resterai pas. La ville est un bourg fatigué, bruyant et sans charme. Le quartier colonial ne ressemble que trop à un chantier abandonné. L'ancien Hôtel Morin Frères, face à la rivière, fait semblant d'être en rénovation et le pont Clemenceau — non loin de celui construit par la société Eiffel —, qui joint la rive coloniale à l'indigène, près de s'écrouler, ne tente personne.

Je rentre à l'hôtel, traînant des pieds, dans une chaleur infecte à force d'humidité.

* * *

Hué. Le guide « culturel » porte une grande mèche qu'il balaye d'un geste nerveux et une chemise blanche cintrée. Une sacoche en bandoulière bourrée de papiers officiels, tamponnés. Un vrai bureaucrate. Insupportable de suffisance. Ayant réussi en quatre heures à me citer dix fois Victor Hugo, de Gaulle et Jean-Paul Sartre dont, à l'évidence, il n'a rien compris. Lors de la visite d'un temple, ostensiblement fermé, il exige qu'on lui ouvre, trépigne et, comprenant qu'il perd la face, hurle de plus belle. Rien n'y fait. Puis menace avec des grands gestes du bras le bonze coi qui, vautré par terre, se déplace sur les dalles tièdes dans le sens inverse du soleil.

L'ayant lu dans mon guide illustré, je lui fais remarquer ensuite lors de notre visite du mausolée de Khai Dinh, gardé par des rangs de soldats et des dignitaires en pierre chaude, que la décoration de céramique dont il se vantait est constituée de tessons de porcelaine et de verre. Et qu'on y trouve inclus le cul jaune foncé d'une canette de bière, estampillée « Breweries of Japan »…

— Farce d'un ouvrier !

— Hommage du peuple japonais, essaie le guide.

— Ben, voyons !

En pourboire, j'avais eu l'idée de lui refiler des roubles pour l'embêter. Glissés dans une enveloppe, avec un compliment joliment tourné : « Gage d'une amitié entre les peuples progressistes »...

Mais, sur la Rivière des Parfums, la panne subite de notre sampan (une barque noire pontée de planches rongées) m'a tellement amusé — en deux temps, trois mouvements, moteur calé, intraitable, marins affolés, et nous voilà emportés par le courant, revenant puis dépassant notre point de départ, tandis que le guide cherchait à me persuader du contraire, que nous profitions d'un moment de silence, qu'il était préférable d'admirer les berges dans ce sens — que je lui pardonne, lui refile un rouleau de dollars et lui serre gravement la main en descendant de son véhicule Tata... Un tel aveuglement, une telle mauvaise foi frisent l'apostolat. Ce garçon est un homme de bonne volonté, un artiste de l'instant, à sa façon un trapéziste des situations !

Ou alors, plus grave, c'est sa peau qu'il défend !

* * *

Danang (Annam). Menu du jour, par ordre d'apparition et selon le libellé du chef : soupe de crabe, crabe nature, thon frais grillé, sauté de poulet aux champignons, abats ébouillantés cuits sur la table (*sic*), riz blanc, pamplemousse, thé, café, le tout pour moins de dix francs.

Le seul hôtel correct de la ville regroupe les touristes occidentaux. Les valises à la main, fringant dans un tee-shirt jaune et rouge « Hô Chi Minh, 1890-1969 », j'y retrouve le père Mannix. C'est décidé, nous partirons ensemble à Hanoi par le premier avion disponible de la Hàng Không. Pour l'heure, dans le délirant salon en skaï mauve de l'hôtel, nous nous assommons à la liqueur d'orange.

Mannix espère être muté en Chine pour l'installation d'une centrale « clés en main ». Il en a déjà formé les techniciens, en France.

— Des type formidables, explique-t-il, ils pleuraient en partant, des vrais chiots pékinois !

— Tu t'y vois ?

— Aucun problème. On a le droit tous les mois à un billet pour Hong Kong, histoire de se décrasser. Là-bas, on vit en cité mais la paie est conséquente. Huit ou neuf briques par an de côté. Et puis, surtout, personne ne veut y aller.

À ma demande répétée, et parce que la bouteille est vide, Mannix me réexplique les ficelles pour réussir la fission de l'atome. Au cas où…, me dis-je.

* * *

Danang. Coupure subite et générale d'électricité sur le quartier. Le néant nous reprend. Vingt mille baraques immergées dans le noir total, la ténèbre. On se débrouille avec les rares bougies à portée de la main. Le gérant fait patienter les inconscients prisonniers de l'ascenseur japonais. Ça peut durer des heures, parfois.

J'erre dans les étages, une lampe-torche à la main, prince d'un château surpris. J'entends battre mon cœur. Des chauves-souris ricochent dans les profondeurs de l'escalier pour échapper à mon pinceau de lumière.

Au bar, Mannix se ressert gratis une « 333 ».

Dehors, des éclairs incroyables, dignes d'effets spéciaux hollywoodiens, claquent sur la mer d'argent, la masse violette des montagnes.

* * *

Forbin se fait rouler dans la farine, l'Asie a ses travers, même à la cour d'un roi. Voilà que le Premier Ministre, un Grec louche et calculateur, l'oblige à rester avec eux en le nommant « grand amiral, général des armées ». En compensation, Forbin est tombé dans un traquenard ; il va servir d'appât et de caution à une éventuelle installation de Français à Bangkok.

À la cour, point de magnificence. Tout est dans le décorum, l'artifice. Un exemple : les statues sont en plâtre et recouvertes seulement d'une feuille d'or. De surcroît, les mœurs se révèlent cruelles. On torture à qui mieux-mieux. Le roi emploie quatre cents bourreaux. La bastonnade et la bouche cousue sont le lot commun. Le bambou enfoncé sous les ongles, une plaisanterie.

La nourriture est exécrable, le pays entier sous l'eau six mois par an. Forbin ne songe qu'à rentrer en France, les tropiques restent impitoyables, il a mieux à faire en Provence, parmi les oliviers, les pins et les cigales…

* * *

Hanoi. Elle traîne dans le hall de l'hôtel, de la télé-vidéo au bar, il est onze heures du soir. Robe blanche à pois noirs. Lèvres peintes. Vingt-cinq ans environ. Jolies jambes. L'air bête. De mèche avec la réceptionniste, qui touche un pourcentage sur les passes, elle consulte le registre des arrivées et repère les chambres des célibataires. Et puis, couloir après couloir, tambourine jusqu'à ce que l'on ouvre, n'hésitant pas à lancer de grands coups de pied dans les portes rétives.

Dans la *room* d'à côté, Mannix, qui se vantait de chercher une femme pour la nuit, parlemente, soudain modeste, sans plus d'ardeur, petit garçon derrière la frêle cloison.

La tigresse insiste et lui, en définitive, n'a pas l'air d'y trop tenir.

Certes, la dame ne goûte guère les demi-teintes. Une fois entrée, la prestation minimum fournie, il faut savoir s'en débarrasser. La dernière fois, après l'avoir suppliée de partir, il lui a fallu soulever la fille, l'arracher du lit où elle se cramponnait et la jeter dans l'escalier... Entre-temps, pendant qu'il prenait sa douche, celle-ci lui avait fait les poches, les valises et, pour lui montrer son désir ravivé à la vue des dollars, arraché une poignée de poils sur la poitrine... Des vacances dangereuses, quoi !

* * *

Perdu dans Hanoi. Une marchande d'escargots — un tas pyramidal et gluant entre les cuisses — m'aiguille vers une vendeuse de viande de chien — trois beaux bâtards épilés et sectionnés en quatre, la tête posée en évidence près du corps reconstitué — qui, ne sachant ni l'anglais ni le français, me renvoie sur une échoppe débordante de sandales.

— Hôtel Hoa Binh ?

Gentiment, le gars m'explique le topo. J'en ai pour une heure, dans l'autre sens. À moins de prendre un pousse.

Voulant le remercier, je cherche à lui acheter des tongues. Il jette un œil sur mes pieds, lance ses bras au ciel, éclate de rire.

— *No possible ! No possible !*

Je chausse, il est vrai, du 44. Pour ces latitudes, j'ai l'arpion extraordinaire.

* * *

Pour rôder du côté de quelques tribus du Nord-Vietnam (des Nung, par exemple, ou des Thaïs noirs dont les maisons ont une forme de carapace de tortue), en dehors bien sûr des circuits touristiques mis en place par Vietnam Tourism, mon guide me propose, à voix basse et dans un angle de l'hôtel, le marché suivant : voiture rapide et chauffeur discret pour quatre-vingts dollars payables d'avance, plus l'essence, plus, éventuellement, les bakchichs aux policiers qui nous arrêteraient en chemin… Bref, cinq heures de route aller, cinq heures de route retour, départ à l'aube, retour de nuit, trajet et météo sujets à caution vu ce qui nous tombe dessus depuis deux jours.

— Et les photos ?

On verra à chaque fois avec les chefs. Il faut faire attention. Mais tout se négocie. Je renonce en définitive. Je ne sais plus si je cours un réel danger ou s'il s'agit d'une arnaque cousue de fil blanc. Ne dit-on pas qu'une partie du pays serait encore minée ? Et qu'il y aurait dans les montagnes des « accrochages » fréquents entre militaires et contrebandiers ?

Mon goût pour l'authentique a ses limites.

* * *

Alain D. n'était pas au rendez-vous, son nom ne disait rien à la réception du Dan Chu Hotel, rue Trang Tien, la rue des libraires, et moi-même je n'ai rien vu sur le registre cartonné des réservations qu'on voulut bien me laisser consulter. Même topo au Thang Long et au Hoa Kiem. Notre rendez-vous était arrêté depuis des semaines : autour du 19, à la réception, message si problème. Alors, quoi ?

Alain D. est un écrivain français non seulement doué mais malin comme un singe. Le genre de gars à vendre des ventilateurs au cap Horn ou des toasters dans le Sahara. Le sujet de son prochain roman l'a amené au Vietnam. Il y séjournera trois mois, en partie avec sa fille. Payé par quelque ministère de la Coopération culturelle entre les peuples. Malin, vous dis-je !

De dépit, et parce que j'avais fait miroiter cette rencontre à Mannix, comme la possibilité d'user de la voiture officielle qu'aurait décrochée Alain, je suis de tournée au Bodega, un bar branché dans la même rue.

On se commande des Martini et des cacahuètes. J'avoue alors à mon compagnon que, moi-même, j'écris et qu'il sera certainement le personnage d'un livre futur. Stupéfaction feinte de mon atomiste préféré :

— Faut dire que t'as quand même la gueule à ça !

* * *

Ai prévenu en vain le concierge de l'Hôtel Hoa Binh que des rats de la taille d'un lapin (sans doute de ces *bandicoot* géants vénérés en Inde) galopaient dans le couloir menant à ma chambre. Que ce détail ait pu me surprendre l'a visiblement surpris...

À table, ce matin, dans la grande salle à manger décorée d'une verrière colorée, style années trente, dégustant des tranches de papaye après mon potage *Pho*, ces deux filles superbes, longues et racées, qui mangeaient d'appétit, en gloussant, à une table voisine. L'une était si belle et si attirante que j'en avais des crampes rien qu'à la regarder.

L'arrivée, ensuite, de leurs clients repus — représentants français frisant la cinquantaine et s'étant payé cette nuit un « extra » — m'a fait détourner la tête... Négligemment, j'ai déplié mon plan de la ville, sorti mon carnet de poche, cherchant à oublier comme à trouver ce que j'allais pouvoir faire pour tuer cette torride journée, vaste comme un gouffre. Merde, j'étais quand même au Vietnam !

* * *

La prison de Hanoi, ironiquement baptisée « Hanoi Hilton », va être démolie pour laisser la place à un complexe hôtelier de plusieurs millions de dollars, financé par un industriel singapourien. Chambres de luxe à l'endroit des geôles ; idyllique piscine entourée de transats sur le carré des promenades. Une tyrannie en remplace une autre ; il y a quelque chose d'indécent au royaume...

* * *

Hanoi, magasin d'État, à l'angle de l'ex-rue Paul-Bert qui mène à l'Opéra, copie presque conforme du palais Garnier. De successifs alignements tristes sous de lugubres ventilateurs, produits manufacturés sans grâce aux yeux d'un Européen, produits essentiels, simplifiés à l'extrême, réduits à leur pure fonctionnalité : savons en blocs, sachets de gâteaux en tas, mornes sucreries, casques en piles, rustiques robots ménagers, rangées de thermos peintes de fleurs, chemises étroites sur de pauvres cintres, flopée de vélos chinois, rares téléviseurs hoquetant une mire unique… Et pourtant, au détour d'un étal, c'est l'âme asiatique qui reprend le dessus, tient la dragée haute à cet univers trop plat, trop vite mis au niveau de la ration, de l'unité, du simplement consommable : champignons bizarres, torturés, éclatant comme des viscères, gravures agressives où s'extasient des Bouddhas ventrus ou le portrait émacié, retouché de bistre, du président Hô Chi Minh, fruits en tranches confits dans du sel ou au fond de liquides collants et vendus dans des sachets transparents — on n'achète que ce que l'on voit d'abord —, cigarettes aux mille marques, pharmacie en vrac où se mêlent l'onguent et l'aspirine, le ginseng et l'antibiotique, *ao-daï* de fête aux motifs hallucinés, lampions ahurissants de mauvais goût, condiments inimaginables dans des fioles phalliques, antiques appareils photo soviétiques qui, avec leur obturateur à rideau, tiendront encore deux générations…

* * *

Elle devait passer à l'hôtel, nous aurions dîné ensemble, Mannix serait venu, et la soirée se serait achevée dans un bar en ville, éméchés et las, les mains moites, un peu amoureux d'elle, bien sûr… Mais cette Viêt rencontrée à l'aéroport de Hanoi n'a pas daigné prendre un pousse ou une voiture jusqu'à l'hôtel Hoa Binh, ce soir-là. Pas de message à la réception. Il est vrai que le concierge n'a pas inventé l'eau chaude : à chacune de mes questions, il se contente de sourire, affable, blindé.

Grande, cheveux courts, acnéique mais belle, Mannix prétend détenir une solution pour ses boutons, quelque chose de radical, une sorte de suroxygénation de la peau, système à lui très au point, performant, résultat garanti, satisfait ou remboursé.

— Et que tu te charges de lui appliquer ?

— Localement.

Nous ricanons comme des majorettes un jour de foire.

Elle travaillait dans l'import, surtout avec la Chine et la Corée du Nord. Français impeccable, moderne, au point d'être inquiétant. Elle paraissait au courant de la politique récente en Europe, citait des noms, des chiffres, avouait recevoir d'un ami, professeur aux Langues-O, journaux et magazines de Paris.

Elle m'a demandé mon adresse en France, la durée de mon séjour à Hanoi. Puis a essayé de nous tirer les vers du nez sur notre voyage.

Au regard de Mannix, j'ai senti qu'il pensait avoir affaire à une espionne, le KGB local, une Stasi asiatique, entraînée à la collecte de renseignements. Pas moins ! Dans son dos, il m'adressait des signes désespérés de prudence et roulait des yeux de condamné.

— Gaffe, coco, où tu mets les pieds ! On-ne-sait-jamais !

* * *

Club International, Hanoi, dancing à la mode. Piscine glauque, bactérienne en diable. Idem pour le restaurant. Pelouse synthétique, piquée de mousses, noircie d'humidité. Les douches, où je me risque afin de me rafraîchir le visage, sont déglinguées : pommeaux coulant au-dessus des travées, carrelage défoncé à la pioche.

Mannix a chaud. Les filles le tenteraient bien mais un doute existentiel le retient. Le prix des chambres est affiché à l'heure sur un panneau de bois, on bénéficie d'un forfait pour la nuit...

Dans la ruche-bordel, les filles tournent, ouvrières du plaisir. Et les bourdons sont mortels...

* * *

La ville de Hanoi (« en deçà du fleuve »), capitale depuis 1975 du Vietnam réunifié, compte plus de trois millions d'habitants et s'étend sur deux mille kilomètres carrés, divisés en quatre districts. La colonisation française qui n'y allait pas avec le dos de la cuiller a laissé un opéra, une cathédrale néo-gothique, une Résidence générale, des hôtels, le pont ferroviaire Paul-Doumer, des lignes de tramway, des villas à ne plus savoir qu'en faire, d'énormes bâtiments administratifs récupérés aujourd'hui par des missions étrangères ou des organismes d'État.

On trouve aussi le quartier des Guildes (il y en a trente-six dont, notamment, la rue de la Soie, celle des Médicaments ou des Pinceaux, la rue des Grillades de poissons ou celle des Voiles, etc.), et plusieurs lacs paisibles, aux rives envahies de joncs, le Truc Bach, le Hoan Khiem, enfin celui de l'Ouest, de l'autre côté du Fleuve Rouge.

En 1886, date des premiers grands travaux, de larges artères ombragées furent percées. Elles font de nos jours le charme délicat, un rien pincé, mais enivrant, de Hanoi. À pied ou en pousse, on croirait être l'invité d'une princesse au Bois-Dormant lorsque, en contre-jour, glissent encore des Peugeot 203…

* * *

Réouverture de l'Hôtel Métropole, ex-Thong Nhat, qui fit les beaux soirs de la colonie. Splendide vaisseau où tout sent la peinture, le propre, le neuf. Les employés étrennent leurs livrées et les standardistes cafouillent au téléphone. On *joue* encore à l'hôtellerie.

À deux pas des jardins récemment plantés, Mannix et moi commandons un brunch complet, des vins de France et des cigares.

Le voyage se termine…

— Encore quelques jours, et ensuite Halong.

— Finalement, nous n'aurons rien vu. Toi, de ton pépé et moi, du vent de l'aventure !

— Tu vas te retrouver dans ta centrale nucléaire en moins de deux.

— Et toi ? Ta chambrette ?

— J'espère repartir bientôt. J'ai un projet sur l'Amérique du Sud, les missions jésuites du Paraguay, un bastringue dans la jungle amazonienne. Quant au Vietnam…

— Nous sommes passés à côté.

— Il nous faudra donc revenir.

— Nos fantasmes ont la peau dure.

* * *

Opération de gendarmerie en 1930, guerres coloniales en 1950 et 1960, balade touristique en 1990. L'Indochine est devenue le Vietnam.

Jadis, Camille fêta ses trente-cinq ans à Saigon, club des officiers, boulevard Norodom ; René, ses trente ans à Diên Biên Phu, avant de filer dans les camps viêts ; Jean, mon père, ses trente et un ans, dans les rochers algériens, le soleil du Grand Sud sur le dos, au milieu de sa harde bigarrée ; et moi, mes trente-trois ans, civil, oisif, à Hanoi, devant une bière, bar du Hoa Binh Hotel, conviant à mes côtés ces trois soldats tranquilles qui, images stroboscopiques dans l'écoulement du temps, sont les miens autant que d'autres moi-même.

En 2010, Camille, ma fille, et son fiancé, un bellâtre probable, achèteront à crédit un F-3 tout équipé, cuisine intégrée et télé par satellite, dans la baie d'Halong, mégapole balnéaire des États-Unis d'Asie, desservie par charters quotidiens.

Le monde aura une drôle d'odeur.

* * *

Hanoi, temple de la Littérature, je n'y coupe pas d'autant qu'une pluie tiède, bientôt diluvienne, m'y contraint. Coincé sous le troisième portique au toit recourbé, devant le bassin de la Lumière-Céleste qu'entourent des tortues de pierre et des manguiers odorants.

Une enfant m'offre une fleur de frangipanier.

— *For you ! Yes ! For you !*

Puis, après cette entrée en matière, tente de me fourguer à prix exorbitant une décoration soviétique, breloque rouge et or où, de profil, sur une pente suggérée, monte à l'assaut un beau soldat victorieux.

Des garçons nus plongent dans le bassin, piscine précieuse.

Ce temple fut érigé afin de parfaire l'éducation des princes et des apprentis mandarins. On y étudiait les *Quatre Livres classiques* et les *Cinq Livres canoniques* (du *Juste et Invariable Milieu* aux *Écrits de Mencius*, en passant par la *Chronique de la Principauté de Lu*).

En attendant, le ciel nous dégringole dessus. Un vieux, assis sur la même marche que moi, fume en silence. Nous sommes pris entre deux rideaux continus de pluie, fragile esquif de pierre et de tuile, à mi-parcours entre le Khué Van Cac, où les candidats poètes clamaient leurs vers, et le portique des Bons-Résultats.

Je goûte au temps qui passe, n'osant plus rien écrire, forcément.

* * *

Mannix s'appelle Mannix parce qu'il fouine comme un privé, a toujours un avis sur tout — à l'hôtel, un touriste ayant des crampes au cœur est venu le consulter — et qu'il utilise des préservatifs homonymes (Manix) au goût fraise.

— Les plus fins du monde ! précise-t-il en m'en fourrant un dans la main.

— Et menthôlé, tu as ? Qui dégage le nez ?

Ce soir, chemise, veste et mocassins, nous dînons au « 202 », rue de Hué, restaurant chic de Hanoi, d'un steack-frites et de bordeaux (du Tursan tiède à quinze dollars la bouteille), seconde entorse gastronomique depuis que je suis au Vietnam.

En face de la terrasse où nous sommes installés, des ventilateurs dans le dos, une femme se déshabille dans sa chambre. Sa fenêtre est restée ouverte. Nous n'en perdons pas une miette : chemisier, soutien-gorge, culotte rouge.

— *Nuits de Chine, nuits câlines…* me chantonne Mannix, ravi du spectacle.

En sortant, repus et satisfaits, nous flottons dans un état délicieux d'apesanteur. L'alcool nous joue des tours, le choum cogne. C'est sûr, au coin de la rue, l'aventure nous guette !

— Allez, deux pousses pour faire le tour du monde !

* * *

Ô perfection ! Rue des Libraires, ce ne sont pas des livres anciens mais de minutieuses photocopies de livres habilement reliées entre elles et cartonnées… Un travail parfait ! Tout est factice !

Tournée des classiques : la Poste centrale, l'Opéra, puis en cyclo-pousse jusqu'au pont Paul-Doumer. Enfin messe à la cathédrale Saint-Joseph, néo-gothique, où je communie dans une émotion totale, un trouble dont je ne me croyais plus capable.

* * *

Sur ordre du ministre grec, M. de Forbin est dépêché aux environs de Bangkok pour étouffer une rébellion. Il s'agit de princes macassars qui, réfugiés sur le territoire du Siam, ont voulu monter une conjuration contre Phra-Naraï. Depuis son arrivée, Forbin a enrôlé et instruit une petite armée, avec des cadres européens. L'un d'eux signale à son commandant que les adversaires, pour l'heure, sont des Macassars, que la plus grande prudence s'impose, ces hommes étant des démons. Combien sont-ils ? Une cinquantaine à peine, mais armés du « kriss », ces poignards ondulés, coupants comme des rasoirs. Forbin dirige mille hommes armés de lances et de fusils.

Le premier combat lui donnera à réfléchir. Certes, son armée siamoise se montre peu combative mais l'ardeur guerrière des Macassars dépasse l'entendement et frise la transe mystique. Quarante-sept d'entre eux défoncent les rangs siamois et mettent en fuite le gros de l'armée. Embroché sur la lance de Forbin, un des Macassars continue d'avancer pour l'occire. Un autre, percé de dix-sept coups de lance, attaque à mains nues deux hommes armés. Tous préfèrent mourir sur place plutôt que de reculer d'un demi-pas — question de philosophie, puisque chaque ennemi, au Paradis des Macassars, devient automatiquement l'esclave de celui qui l'a tué, façon pratique de monter son ménage éternel. Au terme du second combat, qui vient à bout de ces énergumènes, Forbin totalisera 366 morts dans ses rangs.

On notera l'étonnant sang-froid de notre Français. Trouvant l'un de ses officiers éventré, les tripes à l'air, déroulées sur ses cuisses comme des serpentins de Nouvel An, il précise : « ... ayant accommodé deux aiguilles avec de la soie, je remis les entrailles à leur place, et je recousis la plaie, comme j'avais vu faire dans de semblables occasions ».

Le soldat fut sauvé.

* * *

Hanoi, Hôtel Métropole, une heure du matin.

Seul dans la cabine téléphonique, appels internationaux, la standardiste bâille à s'en décrocher la mâchoire, ses yeux pleurent le sommeil perdu.

Pendu au fil. Tonalité. Sonneries. Déclic. Paris ? Répondeur qui s'enclenche à des milliers de kilomètres — ma propre voix, grave, plus métallique, sur la bande enregistrée.

Suis un personnage secondaire échappé du roman général.

* * *

Hanoi. Une fois par an et pour deux mois la dépouille mortelle de Hô Chi Minh sort de son cercueil de verre pour être expédiée à Moscou, objectif lifting général, les communistes s'y connaissent question momie. Et manque de chance, je tombe mal ce jour-là, le tombeau n'est que cénotaphe, gardé par quatre soldats raides qui vont et viennent au pas de l'oie et, d'une façon n'appelant pas la contradiction, me font signe de m'écarter, de rester au large… Tant pis pour le « Lider Maximo » !

J'oblique en direction du palais présidentiel, du grand lycée Albert-Sarraut, occupé par un ministère, pour m'arrêter à l'angle du Club sportif, le genre de construction à damner un architecte nostalgique, où, maigrelets et tremblants, dans les tenues de sport simplissimes, devant une piscine vide émaillée de champignons, s'agitent en cadence des cadres supérieurs du Parti…

Depuis le début de l'après-midi, un cyclo-pousse me suit, inlassable, têtu, vraie bourrique, me guettant au détour des avenues ombragées, se postant là, dans un coin, me filant à distance tel un limier, chien de chasse derrière sa proie. Et, dès lors qu'il parvient à portée de voix, sa rengaine plaintive, ironique :

— *Yes, sir ? Yes, sir ?*

Entre deux villas trouvillaises, garnies de palmiers et de grilles à motifs en fer forgé, nous tombons finalement nez à nez. Excédé, perdant patience, je fonce sur lui.

— *Non merci ! No, thanks ! Basta ! Raus !*

Le type s'évapore, la gueule de travers.

Je prends quelques photos de superbes villas. Il y a le choix. On se croirait dans un quartier résidentiel à Biarritz ou sur la côte normande, la chaleur et l'humidité en plus. Avec son architecture coloniale intacte, Hanoi a la réputation justifiée d'être l'une des plus belles cités d'Asie, n'en déplaise aux *bo-dois* qui, malgré leurs intentions premières, n'ont touché à rien.

Vexé sans doute, ou furieux de s'être laissé prendre à son propre piège et d'avoir perdu une journée à me suivre, le pousse qui m'a vu photographier la dernière façade court me dénoncer à un vigile — il s'agissait d'une ambassade d'un pays de l'Est ! Le gorille jaillit de sa guérite pour me demander mes papiers, je ne les ai pas. Je joue l'idiot et décampe sans tarder... Trente mètres plus loin, hilare, mon pousse embusqué :

— *Yes, sir ?*

Nous ne pouvons qu'en rire. Je monte derrière lui.

Je respire à pleins poumons cette ville bistre et moutarde.

* * *

Hanoi, Gare centrale. J'erre dans la salle des pas perdus, les mains dans les poches. Deux soldats torse nu, luisants de sueur, approchent, me reniflent, m'entourent :

— *Ping-pong ?*

S'agirait-il, à mots codés, d'une proposition malhonnête ?

— *What ?*

— *Ping-pong ?*

Je fais oui pour voir, comme au poker. Ils m'escortent, souriants, contents.

Dans la buvette trône en effet une table verte. Raquettes rouges et râpées. Commence par le sergent : 21-17, 21-19, 21-16, pour lui. Ce salaud lifte ses balles. Impossible à contrer. Seul mon service fait illusion.

Un poste de télévision grésille dans un coin. Des badauds commentent notre match. Ils n'ont rien à faire en attendant le train. On se moque un peu de moi. S'il osait, le chef de gare lui-même me prodiguerait ses conseils.

Au bout d'une heure, trempés, on se serre la pogne.

— Merci, au revoir !

J'ai pris une belle raclée. Je file sans demander mon reste, dédaignant les appels des cyclo-pousses garés en rang d'oignons le long du trottoir.

Remontant le boulevard Duong Lê Duan, je découvre alors l'émouvante façade d'un très vieil hôtel, aujourd'hui habité par des particuliers, familles entières réparties dans les étages aux cloisons défoncées.

Façade ocre, ornée de moulures, grands volets de bois, et puis cette enseigne, Asiatic Hotel, en maçonnerie écaillée, lettrage imitation Art déco, avec juste ce qu'il faut de distancié, d'insolite, clin d'œil d'une époque qui, malgré deux guerres et tant d'horreurs, n'a rien perdu de sa grâce…

* * *

Lors de son voyage de retour, quittant enfin cette contrée désolée qu'est le Siam, à environ huit lieues de Masulipatnam (Bandar), comptoir français sur la côte de l'Inde, Forbin voit venir vers lui un nuage épais et noir. Ce sont des millions de mouches. Il ajoute : « elles avaient le cul violet ». Dès qu'il aborde, les insectes se multiplient, au point même de brouiller la vue de l'équipage. Voulant descendre sur le rivage, « la quantité de mouches était si grande, que nous fûmes obligés d'embarquer une boussole pour ne pas manquer la terre qu'elles nous cachaient entièrement ». Leur canot accoste avec prudence.

La ville est morte, désertée. Puanteur insupportable. La peste ! Il ne reste plus que quatorze Hollandais, enfermés dans leur villa, assis sur leurs trésors.

Tous les matelots descendus à terre meurent par la suite. Forbin en réchappe, buvant avec régularité du vin de Perse.

* * *

Hanoi. Passé une heure dans un garage à vélos à admirer des joueurs de billard (français). Des types chétifs et crasseux capables d'aligner quinze à vingt coups de suite, jouant instinctivement des bandes comme de l'effet, et pour un enjeu symbolique, dérisoire : quatre cigarettes Splendid, le prix de la partie elle-même, deux Cocas chauds.

Le café-vidéo d'en face avait plus de succès encore.

Autour d'un poste antique de télé, un essaim humain feignait de consommer, agglutiné, aux images cahotantes d'un banal film américain, sautant sans scrupule du noir et blanc à une couleur plus acide, tremblée. Le patron de l'estaminet semblait lui aussi fasciné au point d'en oublier ses clients. Chacun n'en avait cure : l'étrange lucarne les happant comme un magnétisme, un bouillonnement lumineux, haché, hypnotique, dont le volume poussé à fond couvrait juste le son des cafés concurrents ou les mélodies sucrées des détaillants de cassettes.

Et à chaque carrefour, dans chaque rue, le même spectacle : cafés-vidéos en enfilade, images américaines, visages en grappes, obsédés.

* * *

Poncins raconte qu'à chaque étage de son hôtel, le Sun-Wah, une foule incroyable de locataires, d'invités, d'amis venus en famille, de badauds, de vendeurs, de mendiants et de boyesses câlines campe littéralement dans les couloirs… Ce n'est plus un hôtel mais un caravansérail, à la fois « logement, rendez-vous d'affaires, tripot, buanderie, bordel ». On lui fait comprendre que fermer un tantinet sa porte serait une offense à chacun. Poncins la laisse donc ouverte, au plein vacarme, et se console se disant que c'est l'Asie, comme Emma Bovary répète qu'elle a un amant, enfin un amant…

* * *

Sous les arbres humides des carrefours, des nuages de papillons poudreux et de moustiques, dont la piqûre est une goutte d'acide sur la peau, tournent dans le halo laiteux des lumières électriques. Hormis dans les quartiers de la périphérie, il n'y a plus âme qui vive à Hanoi après vingt et une heures.

Parce que je suis dans mes derniers jours au Vietnam, je sors avec mon air spleenétique un rouleau serré de dôngs, l'intention de faire le tour du lac Hoan Kiem (« l'Épée restituée ») et de revenir par un crochet dans le coin des Guildes, au nord.

En avant, calme et droit, gonflé de l'indifférence amusée des vieux dragons de Cavalerie. Il ne peut rien m'arriver, ainsi en ai-je décidé. Même à minuit. Inutile de fourrer dans ma chaussette une matraque en plomb, comme le fit Evelyn Waugh à Port-Saïd, ou d'aller réveiller mon ami Mannix qui dort du sommeil du juste deux chambres plus loin. Soyons courageux !

Mais à peine ai-je franchi cinq cents mètres, qu'au détour d'une rue vide, cinq ou six garçons d'une douzaine d'années m'emboîtent le pas… Telle une meute de chiens, ils calquent leur allure sur la mienne, ralentissant si je ralentis, s'arrêtant si j'observe un semblant de pause. Et lorsque je me retourne, ils feignent de ne pas s'occuper de moi, restent à distance.

Je continue. Ils ne me lâchent pas, je les sens dans mon dos, parlant à voix basse.

Soudain, il accélèrent, me dépassent, reviennent sur moi, m'entourent. Le premier m'interpelle sous un vague prétexte. Un second tente de me faire les poches. Je les repousse fermement et tourne casaque. Un autre s'accroche, puis deux, puis trois.

Ça tourne à la bagarre. Ils en veulent au petit sac à dos que je porte à l'épaule — et qui contient, folie de ma part, mon passeport et mon billet de retour. Mon mètre quatre-vingts fait barrage : mes claques tombent de haut, à pleine vitesse, mes ruades vont loin. Il faut bien que je me défende. Je suis Gulliver contre de hargneux Lilliputiens. Ils décampent. La victoire est facile...

Personne n'a bougé dans le café-vidéo d'en face. Mieux, on nous admirait. Le patron qui rangeait ses chaises en les empilant et le vieux pousse qu'il mettait dehors ont goûté au spectacle. On ne rigole pas tous les jours.

Je retourne sur mes pas, mi-victorieux, mi-amer.

Ces mômes m'auraient demandé mille dôngs que je leur aurais donnés. Le lac Hoan Kiem, où selon la légende un pêcheur reçut du génie du lieu une épée magique pour combattre les envahisseurs Ming, ne me tente plus. Je n'irai pas voir sur l'îlot de la Tortue le stupa commémoratif.

— *Yes ? Yes ?*

Je ne réponds pas au pousse de tout à l'heure. Il rentrera à vide, sans moi. Ses jambes luisent, parcheminées comme des feuilles de tabac. Et son trot decrescendo de bête fatiguée a une résonance de caoutchouc sur le bitume tiède…

* * *

Direction la baie d'Halong, province maritime de Quang Ninh.

Cinq heures minimum de route, encombrée de camions et d'autocars antédiluviens, avec une pause-déjeuner à Haiphong, port industriel du Nord-Vietnam, jadis cible privilégiée des bombardements américains.

Deux bacs à bout de souffle pour traverser les méandres limoneux de l'estuaire. Le Tonkin a une couleur brune de glaise, où l'eau magnifie la terre envahie.

Pluie d'apocalypse dès qu'on approche. Rizières partout, pays de miroirs brouillés. Et nous, sur la rive-diguette, accélérant à fond, guettant, inquiets, le cirque coléreux des éclairs compliqués et du tonnerre. Autant de sas successifs vers les monts naufragés, la féerique Halong.

* * *

Au Halong Hotel I, dont le décor est dans une note *colonial style,* la chambre occupée par Catherine Deneuve durant le tournage du film *Indochine* est louée plus cher que les autres — il ne sera pas dit que l'on couche impunément dans son lit. Comme avec le guide de Hué, qui me désignait, béat, la balustrade d'un temple où l'actrice avait daigné asseoir son postérieur, je joue l'imbécile.

— Corinne qui ?

— Catherine De-neu-ve...

— Connais pas. Française ? De quelle époque ?

Fard de l'employée qui pique du nez.

Quand donc les voyagistes programmeront-ils une visite à Sadec, dans la maison de Marguerite Duras ?

* * *

Halong. Tour en ville à califourchon sur une moto tchécoslovaque, mon chauffeur porte le casque colonial, il ricane dans les virages.

Je cherche à tuer le temps entre deux averses. Coca en bord de rade où rouillent des cargos. La baie, devant moi, se déroule en un sompteux paysage que gâchent à peine les brumes descendues du nord.

Moins de dix clients à l'hôtel. Hier soir, le garçon d'étage m'a suivi jusqu'à ma chambre. Sur le moment, je n'ai pas compris, imaginant qu'il venait dénouer la moustiquaire, baisser les stores, préparer le lit et non s'y vautrer. Il a fallu que je me fâche. Servile, me voyant sans femme, il pensait que « j'en étais ».

Lu une heure sur la terrasse avant de dîner.

La salle à manger abrite une escadrille de moustiques affamés, des chauves-souris craintives, une scène de théâtre cachée par un rideau de velours. Le service est lent, il s'étire dans la nuit tropicale et se dissout.

Il n'y a plus personne aux cuisines. On se croirait dans un mauvais roman provincial, sous-préfecture au mois d'août assommée par un meurtre crapuleux, tenu secret, connu de tous.

Au bar, deux Marseillais en Lacoste jouent, maussades, à la belote. Le plus âgé voudrait bâtir un hôtel de quatre cents chambres dans la baie mais les autorités de Hanoi font traîner les choses.

— Des chinoiseries, merde !

L'autre, son bras droit, confirme du menton.

— Demain, on ira en voiture.

— Le plus tôt possible.

— Oui. Sept heures, départ.

Mines patibulaires. Ils boivent du Ricard dans des verres à whisky et s'expriment par moment à voix basse. Une jeune Viêt vient les rejoindre, ils l'embrassent sur les joues. Ils dînent ensuite à une table ronde, dans le fond, une bouteille de vin posée au milieu d'eux comme une lampe rouge.

Je me lève. Ils ne répondront pas à mon bonsoir.

* * *

Baie d'Halong, huitième merveille du monde. À l'aube, brumes argentées, insistantes, partout. Les silhouettes des trois mille rochers karstiques sont des fantômes chevelus.

Mal dormi. Il pleut.

Je mets un pull, endossé mon K-Way. On se croirait en Bretagne.

À cause du mauvais temps, un vieux ferry américain remplacera la jonque prévue, nous ne pourrons descendre dans les grottes qui truffent les rochers par défaut d'accostage.

Un monstre marin hanterait cet hallucinant labyrinthe. Les pêcheurs du coin, dont les jonques à moteurs slaloment entre les îlots, en sont persuadés. Le décor est si fantasmagorique qu'une cousine de Nessie ne surprendrait pas.

Des Viêt-Kiêu, Vietnamiens exilés à l'étranger, revenus au pays le temps de vacances pour claquer leurs devises et faire bisquer les cousins, composent la majorité des passagers. Ils se sont regroupés à l'avant du bateau, sur des chaises en plastique, et jouent aux cartes ou déjeunent de *nems* et de fruits rouges. Hormis le capitaine à la barre, un mégot entre deux dents, l'équipage reste invisible. La salle des machines est vide. La buvette fermée — la barmaid ayant la grippe.

En veine de confidences, une dame d'une cinquantaine d'années me fait la conversation.

— À votre gauche, l'île de l'Éléphant… En face, le Buffle, et à côté, le Bonnet phrygien…

Elle embraye sur ce qui la tracasse. Elle en a gros sur le cœur. Son français est un peu sec.

— Depuis des années, j'envoie des sous à ma famille restée ici, à Hanoi, je veux dire ma sœur, son mari, leurs enfants, une tante, une nièce. C'est la première fois que je reviens, c'est dur... Terrible... Je me suis aperçue que personne ne travaillait. Vu le niveau de vie, mon argent suffisait. Ils vivaient sur mes mandats. Toute la famille. Un neveu a eu le culot de me demander d'augmenter la somme pour qu'il puisse s'acheter une moto Honda... Je suis effondrée.

— Qu'allez-vous faire ?

— Je rentre jeudi à Paris. Ils n'entendront plus parler de moi, fini. J'ai un restaurant à Paris, dans le treizième. Je suis endettée jusqu'au cou. Nous travaillons dur, vous savez. Nous sommes des anciens « boat people »...

L'île du Képi passe à bâbord. Nous entrons dans le chenal dit du « Château-Renaud ». Les rochers virent au gris et au bleu dur. Quelques oiseaux frôlent le bateau que le miroir lisse de l'eau dédouble. Ces mille kilomètres carrés, creusés par la queue du dragon géant, mènent jusqu'en Chine...

* * *

Il s'agit d'un paquet d'actions émises par l'ex-société F. Sauvage, le 20 octobre 1949, pour le compte des Transports Maritimes et Fluviaux d'Indochine...

Actions de cent piastres chacune, pour un capital de neuf millions. Statuts déposés chez M. Charles Tabouillot, à Nam-Dinh. En vignette, des vapeurs énergiques, aux machineries irréprochables, en rade de Saigon ou d'Haiphong. La signature des deux administrateurs anonymes prend beaucoup de place, les tampons officiels, rouge sang, aussi.

Très vite, dans ce bric-à-brac de brocanteur, j'en choisis une en bon état, ni déchirée ni moisie, parmi les trois ou quatre cents de la liasse, pensant la faire encadrer par V. à mon retour.

Revenu à l'hôtel, je découvre, stupéfait, la coïncidence : l'action porte bel et bien le n° 18599. Et ma date de naissance est la suivante : 18-9-59.

* * *

Haiphong, Hôtel du Commerce. Pluie torrentielle. Ma *single* n'ouvre sur rien. Je déguste un *pho* dans la salle à manger, avec pour unique compagnon un rat gris de bonne taille qui, juché sur le comptoir du bar, entame une assiette de poisson séché. Lui aussi a faim et s'ennuie. Bruit de râpe de ses dents sur l'arête transversale de l'instant.

* * *

Adieux à Mannix qui n'a d'attention que pour une sympathique touriste française. Il m'avouera plus tard avoir failli « conclure » dans le Boeing de retour.

Je rapporte un petit éléphant sculpté, un casque en latanier comme en portent les Vietnamiens du Nord, et une fine soucoupe bleue où se déploie un dragon aux nasaux fumants. Non sans fierté, Mannix a augmenté sa collection de tee-shirts de dix-sept pièces supplémentaires.

Poignée de mains franche comme une accolade. Sans doute ne faudra-t-il même pas nous revoir, en Europe : il est des amitiés qui supportent mal le décalage horaire. Nous resterons sur cette impression, fatalité des choses et des êtres : sympathie innée, nourrissante comme du gros pain bis, simple comme de l'affection.

L'avion de la Thaï, Hanoi-Bangkok, m'emporte.

Le fleuve charrie ses alluvions couleur de sang. L'Indochine disparaît sous l'aile. J'aime le monde de cette hauteur, à cette distance. La vitesse excuse tout.

Qu'avais-je espéré trouver sinon, sous différents masques, dans quelque accident du temps qui serait celui aussi de la mémoire, un peu de moi-même ?

* * *

Vol de retour Bangkok-Stockholm.

Chassez le naturel… Si le menu propose du saumon sauce fenouillette avec sa jardinière de légumes ou de la noisette d'agneau à la moutarde de Meaux, arrosés d'une « côtes-du-ventoux » non négligeable, l'équipage du 747 thaïlandais, sitôt son heure sonnée, soit après le dîner des passagers et l'ultime tournée avec les bouteilles de cognac français, se presse dans un coin de la carlingue et, à l'abri du rideau tiré, faisant fi de la hiérarchie comme de l'uniforme, se rue sur son bol de riz blanc qu'il pousse à la baguette dans le trou rond de la bouche.

Ah, ce riz ! Ce riz fondamental, pure denrée, éternelle, aliment roi qui rend les hommes si beaux, si enfantins, si fluides…

* * *

Derrière le hublot, la nuit noire, primitive, gouffre originel. Où sommes-nous ? Au-dessus de l'Inde ? De l'Iran ? Déjà la mer Caspienne ?

Quelques heures encore de vol et nous ne saurons plus ni nos noms ni nos adresses, réduits à de simples fonctions biologiques : boire, manger, dormir. Notre chère personnalité broyée par la fatigue, laminée par les décalages et les escales, le manque de repères, la pressurisation, le vacarme continu des réacteurs. Un trou d'air nous aspirerait si aisément, tout juste si on râlerait...

Et la peau fanée des hôtesses vire à l'ivoire... Ce sont des masques de cire qui errent, âmes en peine, entre les sièges où soupirent nos voisins, ces parfaits inconnus...

EN SCOOTER
DANS LA CITÉ DES LACS
(Septembre 1997)

Il a plu à l'aube sur Hanoi et Hanoi est mouillée. Je descends la rue Trang Tien, l'ex-rue Paul-Bert, laissant derrière moi parmi les miroitements et les flaques le grand opéra moutarde, la bâtisse blanche aux volets verts de l'Hôtel Métropole, l'ancienne Poste coloniale sur ma droite. Devant moi, scintille le lac de l'Épée Restituée (Hoan Kiem) qu'ombrage une frange de flamboyants et de tamariniers — un lac pâle et profond comme une légende antique, surmonté d'un pagodon. Mais, déjà, la chaleur a monté d'un coup ; l'air est brûlant ; à huit heures du matin, les rues s'emplissent de scooters

Honda, de motos Minsk, de vélomoteurs Babetta, répercutant leurs premiers tonnerres de klaxons, leurs fièvreuses poussées d'accélérateurs. Marée haute, la ville enfle sous ces vagues successives et motorisées. Et Hanoi va rugir jusqu'à l'écluse du soir de ce grondement ininterrompu, mélangeant à n'en plus finir les imperméables jaunes, fuchsia, verts et parme, toutes ces taches crues et mobiles qui, dans le flux de circulation des deux-roues, sont comme des fleurs vivantes...

Un poisson vif a sauté hors de l'eau. Longeant les rives du lac, je m'assois sur un banc frappé du sigle Nam Thang. Un gamin en flip-flap balaie un reste d'œuf dur ; un vieil homme en béret basque feuillette *Le Courrier du Vietnam* ; entre les deux, une vendeuse de caramboles aux dents laquées sourit comme une reine, sa palanche sur l'épaule, trottinant. Là-bas, des filles jouent au badminton entre deux bambous et poussent de petits cris. Le pagodon au milieu de la pièce d'eau s'irise de lumière neuve...

Huit heures trente. Prendrai-je une soupe, un *pho*, au petit déjeuner, adossé à ce mur crème, écaillé ? Fines lamelles de bœuf, pâtes coupées aux ciseaux comme des nattes, pincée de coriandre fraîche, de menthe aquatique, filet de citron vert ?

— Pourquoi pas ?

Je tire une chaise lilliputienne et une paire de baguettes en bois blanc. On me sert un bol fumant. Au loin, les haut-parleurs crachent un chant patriotique suivi d'une valse de Vienne. Des oiseaux dans des cages d'osier pleurent leur liberté perdue. Chaleur âcre. Je suis le seul sous les frangipaniers à ne pas être torse nu. Je repense à mon après-midi d'hier : ma visite du Mausolée Hô Chi Minh. À l'instar de Lénine, l'Oncle Hô, père de l'Indépendance, a été tout simplement momifié. Même s'il souhaitait que ses cendres soient dispersées sur les trois régions du Vietnam, on conserve son corps embaumé dans cette bâtisse carrée, sorte de temple romain, haut de vingt et un mètres, en bois précieux et en marbre gris de Danang. Ahurissant. Presque kitsch…

Sur la place Ba Dinh, avec en contrefond l'ex-lycée Albert-Sarraut et le Palais du Gouvernement, il faut emprunter le long tapis grenat qui mène jusqu'aux escaliers. Là, des soldats de la Garde spéciale vous attendent, sérieux, sévères, en uniforme blanc d'apparat. Interdiction de parler, de photographier, il faut conserver les bras le long du corps. On avance au pas du soldat qui vous escorte. Deux par deux, l'on grimpe un premier escalier puis l'on en redescend un second. Les sons de la ville s'atténuent, disparaissent, étouffés. Pour un peu, on aurait peur. L'atmosphère est lourde, pesante, en dépit de la climatisation qui chuinte : on est bien dans un tombeau, mais avec un mort qui ressemble à un acteur masqué. Sur la gauche, en entrant, le cube vitré, surélevé au milieu de la grand pièce, vous happe aussitôt comme l'œil du cyclone. La curiosité l'emporte sur la crainte. Une momie ! En fait, c'est un vieil homme allongé, paisible comme s'il dormait, qui repose sous une lumière violette. Costume sombre, barbiche longue et bien peignée sur le ventre. Mains croisées. D'autres soldats immobiles, statufiés, veillent autour, ajoutent au solennel… L'impression d'être tombé dans un musée Grévin tragique. Où seul le visage du « Père de la Nation » apparaît étonnamment fixe mais vivant — son reflet dans la glace flotte entre les parois marbrées du décorum.

Mon regard replonge dans la circulation de Hanoi. La ville vibre et résonne. Soudain, une jeune femme en *ao-daï* rouge cerise, mince comme une liane, droite comme un I, lance son scooter « Dream » dans les embouteillages, allume et enflamme la rue Le Thai To. Dans son sillage, elle paraît entraîner mille cavaliers mécaniques. Je me lève, hèle dans le flux une Simson, monte en croupe, et pour quelques dôngs m'enfonce à mon tour dans la ville qui me happe, me digère…

Mon chauffeur porte ce casque vert de *bo-doi,* typique des Hanoiens. Dessus, au feutre, il a écrit en français : « L'amour est plus fort que la mort ». Vaste programme !

Mais où va donc mon Ariane ? Dans le quartier des trente-six Guildes aux maisons tubulaires ? Celui des ambassades, désuet et charmant ? Ou près de ces cinquante autres lacs de la ville, par exemple le Hô Tay, à l'ouest, où l'on s'adonne au pédalo dans des dragons de fer-blanc, des cygnes colorés ? Non, elle vire vers le vieux quartier français qui ressemble à Saint-Lunaire ou à Dinard, les palmiers moites en plus, puis, par une succession de virages, rattrape la rue Hang Ma qui explose littéralement de rouge et de jaune.

— Qu'est-ce que c'est ?

— La fête des enfants, m'explique mon chauffeur. Quinzième jour du mois lunaire.

Des gâteaux de riz gluant (*banh deo*) ou farcis et cuits (*banh nuong*) et surtout, surtout des jouets par milliers importés de Chine et de Corée. Et au lieu des traditionnels lampions, des masques ritualisés des légendes, plutôt des lanternes électriques avec fond musical, des pistolets à eau, des cerfs-volants et des toupies, des voiturettes à ressort, des masques de Power Rangers. Les étals débordent sur les trottoirs, empiètent sur la rue. Ici, on entasse le maximum d'articles dans le minimum de place, et on vendra la journée durant jusqu'à épuisement du stock...

Cette rue fait partie du quartier des Guildes, l'ancien « quartier indigène ». Un entassement de petits métiers et d'échoppes, chacune avec sa spécialité, son art : de la pierre funéraire aux montres de contrebande, de la soie en rouleaux aux laques poncées, du papier aux stores et aux éventails. Presque un souk, mais un souk à l'asiatique : mélange de force vitale et d'indifférence, d'âpreté et d'à-quoi-bon.

Sur ma route, en venant, abasourdi par le bruit et les couleurs, j'avais bien remarqué cette piscine. Vieille d'un siècle, au moins. Tenterai-je le coup ? Elle appartient désormais au Club sportif militaire. Réservée aux cadres du Parti et aux officiers. Je vais au culot. Un planton, un sergent, un capitaine, je franchis les échelons, passe les bureaux. Le lieutenant-colonel me reçoit finalement, vérifie mes papiers, m'offre du thé vert — un petit homme galonné au visage d'enfant triste, qui commande pas moins de six mille hommes.

— Il fait chaud, n'est-ce pas ? Saviez-vous que le fleuve Rouge commence à décroître ?

Pendant que l'on m'interroge gentiment, des plantons en uniforme téléphonent partout. On m'observe à la dérobée. On me jauge. Dans quel guêpier me suis-je fourré ? Une demi-heure d'attente dans ce bureau luisant, sous le portrait d'Hô Chi Minh, devant ma minuscule tasse de thé, et enfin un ordre bref, un signal qui ébranle, des soldats m'entraînent vers le fond de la caserne.

— Suivez-nous… À titre exceptionnel.

La piscine est là, carré noirci, échelle en fer, plongeoir décati. Un peu ridicule. Plutôt surgie du passé, intacte. Comme un œil bleu où se seraient reflétés à l'envers les tourments, le vacarme des B-52, les incendies et les exodes.

En douce, le maître-nageur me glisse en français :

— Année 1905. Officiers français.

À l'intérieur, des gros messieurs, la mèche collée sur le front, sérieux comme des papes, s'essaient à la brasse coulée. L'un grimpe au plongeoir. Peut-être s'agit-il des pontes du régime ?

Le lendemain, en quête moi aussi d'un brin de fraîcheur, je suis parti à Tram Tam Dao, l'ancienne station climatique de Hanoi, à soixante-dix kilomètres dans les montagnes. La route est assez bonne. Elle file entre les rizières où le riz est vert, les briqueteries, les digues de terre rouge qui épaulent et contiennent les caprices du Fleuve. Enfin, elle grimpe, tournoie, et zigzague entre les eucalyptus, les pins. Neuf cents mètres d'altitude : la fraîcheur est au rendez-vous. Jadis, elle faisait les délices des administrateurs jaunis et des fonctionnaires rongés par les fièvres du Delta. Quelques hôtels, un jardin d'agrément, des amoureux, une atmosphère d'Écosse...

Au milieu des papillons, des vendeuses de flûtes, des marchands de coca et des photographes ambulants dotés d'un Praktikà patientent entre les roches dures et les buissons de fougères. Il viendra toujours quelqu'un pour admirer la fameuse cascade d'argent, vouloir en garder un souvenir ! Un escalier y descend, humide, glissant parmi des cigales qui font un bruit de rasoir électrique... Qui se souvient de la promenade du

Gouverneur, taillée à même le flanc de la montagne ? Elle faisait le tour de la station climatique. Il doit bien rester une cicatrice maçonnée quelque part. Et, dessus, pas encore absorbés par les plantes, sur des bancs au bois pourri, les soupirs des amants incompris séparés par la jungle…

Une sono diffuse ses airs guimauve. Je me rapproche du centre de Tam Dao. Des bars à karakoé, avec des filles gourdes et maquillées sur le seuil, se pressent autour de l'église transformée en Maison du Peuple. À la place du Christ, il y a un drapeau rouge punaisé sur du carton. Et plus aucune villa du faste balnéaire de jadis…

Déjà, il faut rentrer. Hanoi m'attend comme elle semble vous attendre toujours, à la fois confite et active, désordonnée et policée. Hors du temps et fanée… Les ravalements et les couches de peinture, *cold-cream* moutarde et bistre, n'y feront rien : Hanoi reste une vieille dame.

Pham The Hong m'a donné rendez-vous près de l'ambassade de France. Il est traducteur de profession et travaille sur Giraudoux.

En vietnamien, on lui doit entre autres *Les Fourberies de Scapin,* un roman de Kessel, l'adaptation d'un opéra d'Offenbach.

Le rendez-vous est donné sur un bout de trottoir ; nous partons tout de suite. Un café plus bas, rue Tran Hung Dao, abrite nos conversations. Non pas dans la première salle d'ailleurs mais dans une autre pièce à l'abri des regards et des oreilles, après une enfilade de couloirs, un escalier étroit. On tire les volets, apporte les bières, allume des cigarettes « Souvenir ». Entre nous. Tranquilles. Le ventilateur ronronne, animal apprivoisé.

Le bonhomme est intarissable mais prudent. Son français chante. Parfait. Il aime notre langue depuis qu'il a lu *L'Homme qui rit* de Victor Hugo.

— Un choc, une admiration, précise-t-il. Au point que j'ai appris votre langue tout seul.

— Et si vous aviez un souhait ?

— Traduire un moderne. Philippe Djian, par exemple. Mais il y a trop de décalage avec les mentalités d'ici.

Dehors, la chaleur est toujours là, les motos et les scooters aussi. De quoi avais-je envie en cette fin d'après-midi où quelques éclairs rayaient le rose du ciel ? De sang de cygne aux épices, d'une montre soviétique en acier trempé, de prunes séchées au sel ou de ponts voûtés et luisants sur lesquels je ferais résonner mes pieds nus ? Non, rien qu'une autre course dans la ville, dans son vacarme de cycles, parmi sa foule.

Au feu rouge, aucune voiture, mais deux cents moteurs qui tournent au ralenti, alignés au cordeau, prêts à bondir sur l'asphalte. Des filles et des garçons avec en croupe ou en amazone des amis, des mamans, des cochons dans des paniers de fer, des bonsaïs dans leurs pots, des nattes roulées, tout et n'importe quoi. Parfois jusqu'à trois passagers sur une pétrolette.

Je traverse. Une libellule m'accompagne. L'orage va tout envahir. Des gouttes vont crépiter en mitraille. Le trottoir en face abrite six coiffeurs de rue dont les miroirs renvoient mon image fragmentée et déjà floue. Et, dans le reflet croisé des glaces et le regard des motocyclistes, le paquet de « Souvenir » dans la poche, c'est le Vietnam tout entier qui me dévisage...

*Cet ouvrage a été achevé d'imprimer
par l'Imprimerie Darantiere (Quetigny)
en août 2008 pour le compte des
Éditions de La Table Ronde.*

Dépôt légal : avril 2008.
N° d'édition : 162869.
N° d'impression : 28-1192.

Imprimé en France
R1